新羅王陵

신라왕릉 이야기

경주시니어클럽 경주이야기 사업단

도서출판 정림사
JUNG LIM PUBLISHER

책머리에

2023년 계묘년도 이제 남은 시간이 얼마 되지 않는다.
올해 우리 '경주 이야기' 팀원들은 경주의 왕릉 이야기를 위하여 1년간 고민을 거듭했다.

경주는 신라 천년의 고도라고 흔히들 말한다. 빛나는 천년의 숨결이 곳곳에 남아서 아직도 천년의 이야기를 말하고 있는 땅이다.

둥근 스카이라인을 그리는 능들이 도시의 도처에 산재하여 우리들에게 자신들의 소리 없는 진실들을 전하고 있다. 그래서 항상 우리와 친숙한 이웃이지만 많은 정담을 나누지 못한 신라의 왕릉과 주인 없는 무덤들과 대화하여 보기로 하였다.

그들에게 다가서 보면 이들의 수많은 이야기를 들을 수 있다. 지표가 부풀어 오른 듯한 둥글고 순한 부드러움은 왕릉의 외양일 뿐이다. 이들에 대한 세세한 사연들을 들추어 보면 우리가 알고 있는 이상의 사실을 알게 된다.

역사적 사실은 고정된 완고한 진실이 아니다. 역사는 늘 새로운 이면을 가지고 있으며 그것을 우리에게 알게 한다. 우리 팀은 왕릉이 가진 기존의 이야기와 새로운 이야기들을 캐내기 위하여 많이 노력하였다.

늘 보아왔던 능묘를 다시 찾아보고 새로운 의문 부호를 달고 그들을 보았다. 사진을 찍고 도서관의 관련 서적을 뒤지고 주민들의 설명을 경청하고 전문가를 찾아다니며 의견을 나누었으며 인터넷을 보고 자료를 찾아보았다.

이미 알고 있었던 사실이 틀리는 경우도 있었고 이제까지 몰랐던 새로운 사실도 알게 되었다. 지금 우리의 눈앞에 보이는 친숙한 이웃인 신라의 왕릉과 분묘들은 역사적 사실을 안고 있는 보고들이다. 다 아는 사실들이 아니라 약간만 알고 대부분을 모르는 신라의 능묘들에 대한 이야기를 다시 되살려 내어 경주의 이야기에 첨부한다.

일 년간 고민한 결과를 모았다. 완벽하지 않을지는 모르나 나름의 자신감을 가지고 신라 왕릉의 이야기를 펼쳐 보고자 한다. 역사적 진실은 어느 누구도 함부로 장담할 수 없다. 우리도 그렇다. 신라 왕릉과 피장자를 알 수 없는 많은 무덤들의 이야기는 그 자체로 하나의 가치를 가진다고 본다.

2023년 12월

경주이야기팀 일동

차 례

제1부 간직한 이야기가 더 재미있는 신라의 왕릉들

제1부

간직한 이야기가 더 재미있는 신라의 왕릉들

오릉,
박혁거세(朴赫居世)와 세 분 임금
그리고 시조 부인의 무덤

숲으로 둘러싸인 가운데가 오릉임 (다음 항공지도)

경주 고속도로 나들목을 지나 경주 시내로 들어오는 두 번째 도로에 연접해 있는 유적지가 오릉(五陵)이다. 소나무 숲으로 우거진 오릉은 긴 담장으로 둘러싸여 있고 남쪽으로 매표소와 출입문, 그리고 주차장을 만들어 놓았다.

전체 면적 89,950m^2 인 이 능원(陵園)은 5개의 능과 숭덕전(崇德殿)과 부속 건물들, 그리고 알영정(閼英井)으로 되어 있다.

오릉은 신라의 시조인 박혁거세와 그의 왕후 알령 부인, 그리고 2대 남해차차웅, 3대 유리이사금, 5대 파사이사금의 능이라 알려져 있다. 그러나 5개의 능 중 어느 것이 어느 임금의 것인지는 알 수 없다. 그리고 능의 모양과 크기도 다르다. 박혁거세의 마지막에 대한 이야기도 다르게 전해 온다. 그 외에도 이 5개 능에 대한 재미있는 설화는 매우 깊은 의미를 가진다. 지금부터 오릉의 설화 속으로 들어가 보자.

5개의 능은 제각기 다른 모습을 하고 있다.

능의 주 통로는 서편이다. 서편에 숭의문(崇義門)이 있으며 숭의문을 지나면 일자제각(一字祭閣)이 나온다. 제각 안에는 4분 왕의 위패를 봉안하고 있으며 그 뒤로 오릉 중 가장 큰 능이 자리하고 있다. 장명등(長明燈)과 표지석 그리고 상석(床石)이 놓여 있다. 가장 큰 능은 직경이 약 33m이며 높이는 7m 정도 된다.

다른 모양과 크기를 가진 5개의 능(다음 항공사진)

가장 큰 능 바로 뒤에는 두 번째 크기를 가진 능이 자리하고 있으며 남쪽으로는 표주박 모양을 하고 있는 길쭉한 형태의 능은 2인 무덤으로 추정되며 동서 방향으로 누워 있다. 두 번째 능과 표주박 모양의 능은 높이가 가장 큰 능과 비슷하나 제일 북쪽의 4번째 능은 높이가 3.6m 정도이고 가장 동쪽의 작은 능은 높이 1.8m 정도로 능일까 하는 의문이 든다.

세 분 임금의 능도 어느 것인지 알 수 없다. 능의 크기도 제각기 다르며 모양도 비슷하지 않다. 능 크기의 차이도 심하다. 이 5기의 능은 1기의 원형무덤과 4기의 봉토무덤으로 매우 불규칙하게 자리하고 있으며 전혀 인공적인 의도가 없어 보인다. 적어도 임금의 능을 조성하는 입장이라면 어느 정도는 정돈과 배열이 있어야 하지 않을까? 그렇다면 저런 불규칙한 능의 위치는 무엇을 의미하는 것일까?

박혁거세의 죽음에는 다른 내용의 설화가 전해 온다.

『삼국사기』와 『삼국유사』에 기록된 내용을 보면 박혁거세의 죽음과 사후의 이야기가 다르다. 『삼국사기』에는 전한(前漢) 효선제(孝宣帝) 오봉(五鳳) 원년(BC57년) 갑자 4월 병진에 왕위에 올랐으며 이때 나이는 13세라고 되어 있다. 그리고 왕위에 오른 지 61년 되던 해 춘삼월에 별세하였으며, 사릉(蛇陵)에 장사 지냈는데 이곳은 담암사(曇巖寺)의 북쪽이라고 기록되어 있다.

박혁거세가 13세 왕위에 오른 기록은 『삼국유사』의 내용도 『삼국사기』와 같다. 그러나 박혁거세 왕의 죽음에 대하여 『삼국유사』에서는 다음과 같이 기록하고 있다,

'나라를 다스린 지 61년 되던 어느 날 왕은 하늘로 올라갔는데 7일 뒤에 그 죽은 몸뚱이가 땅에 흩어져 떨어졌다. 그러더니 왕후도 역시 왕을 따라 세상을 떠났다. 나라 사람들은 이들을 합하여 장사 지내려 했으나 큰 뱀이 나타나더니 쫓아다니면서 이를 방해하므로 오체를 각각 장사 지내어 오릉을 만들고 또한 능의 이름을 사릉(蛇陵)이라고 했다. 담암사 북릉이 바로 이것이다.'

『삼국사기』의 내용을 보면 왕후와 세분 임금은 사릉원에 장사 지냈다고 기록하고 있다. 그러나 『삼국유사』의 설화대로라면 왕후와 세분 임금의 능은 없어지고 만다. 두 이야기에서 『삼국사기』의 내용대로 라면 오릉은 맞는 말이 되겠지만 『삼국유사』의 이야기를 따른다면 5개의 봉우리는 한 분 즉 박혁거세의 릉이 된다. 물론 이 능들은 아직 발굴이 되지 않은 상태라 피장자를 확인할 수 없다. 이런 대형봉토분은 신라 4세기 이후의 능의 형태이므로 연대 또한 맞지 않이 보인다.

이 무덤이 박혁거세왕의 능과 왕후 그리고 세분 임금의 능이 맞는지 그렇지 않는지는 지금 중요하지 않다. 『삼국사기』와 『삼국유사』의 내용은 그 기록 나름의 의미를 이해하면 된다. 오릉의 가치는 그 설화가 가지는 뜻을 우리에게 가르쳐 주고 있기 때문이다.

오릉에 묻힌 시조왕 외 세 분의 임금은?

남해왕(南解居西干)은 시조의 맏아들로 태자가 되어 왕위를 이었다. 서기 4년에 즉위하여 나라를 다스린 지 21년인 서기 24년에 별세 하였다. 지금의 오릉인 사릉원(蛇陵園)에 장사 지냈다.

유리왕(儒理尼師今)은 남해왕의 태자이다. 탈해보다 잇자국이 많아 왕위를 이은 왕이다. 서기 4년에 즉위하여 가배(嘉俳) 놀이를 만들고 17등급의 관직을 제정하고 6부 촌장에게 성(姓)을 하사하였다. 재위 34년인 서기 57년에 별세하여 사릉원에 장사 지냈다.

5대 파사왕(婆娑尼師今)은 유리왕의 둘째 아들이며 시조의 증손자이다. 나라의 재정을 확충하고 수도와 변방에 성을 쌓아 국방을 튼튼히 했다. 재위 32년인 서기 112년 서거하니 사릉원에 능을 조성하여 이때부터 사릉원은 오릉이 되었다.

오릉원에 시조 왕후(알영부인)가 태어난 우물이 있다.

신라 시조 왕비 알영의 탄생에 대하여 『삼국유사』에서 다음과 같이 기록하고 있다.

> '이날 사량리(沙梁里)에 있는 알영정(閼英井) 가에 계룡(鷄龍)이 나타나서 왼쪽 갈비에서 어린 계집애를 낳았다. 얼굴과 모습이 매우 고왔으나 입술이 마치 닭의 입부리와 같았다. 이에 월성 북쪽에 있는 냇물에 목욕을 시켰더니 그 부리가 떨어졌다. 이 일 때문에 이 내를 발천(撥川)이라고 한다.'

남산 서쪽 기슭에 궁실을 세우고 이들 두 성스러운 어린이를 모셔다가 길렀다. 남자아이는 알에서 나왔기에, 그 알의 모양이 박(瓠)과 같았다. 향인(鄕人)들은 박을 박(朴)이라고도 하여 성을 박(朴)이라고

알영정, 우물을 사각형돌로 덮어 놓았다.

했다. 또 여자아이는 그가 나온 우물 이름으로 이름을 삼았다. 두 성인은 13세가 되자 오봉(五鳳) 원년(元年) 갑자(甲子, BC57)에 남자는 왕이 되고 그 여자를 왕후로 삼았다.

이 알영정은 오릉원의 안에 있다. 오릉원의 동남쪽에는 박혁거세 왕을 제향하는 숭덕전(崇德殿)이 자리하며. 숭덕전의 뒤쪽에 아담하게 자리 잡은 비각이 있는데 이 비각 안에 박혁거세왕의 왕후인 알영부인 탄강(誕降) 유지비(遺址碑)가 있다. 그리고 그 비각 뒤쪽에는 긴 기둥 모양을 한 3개의 돌을 보게 된다. 이 돌 아래 우물이 있는데 알영성이다. 넓어 놓은 돌 때문에 우물 속을 자세히 볼 수는 없다. 무거운 기둥 돌로 입구가 닫힌 저 우물에 얽힌 알영 왕비의 설화를 생각하면 입구를 막은 육중한 돌을 치우고 우물 속을 들여다보고 싶은 심정이다.

다파나국(용성국)에서 탄생한 탈해 금강산 기슭에서 잠들다.

나라를 처음 세운 왕들은 대개 알에서 태어난 경우가 많은 것으로 전해오고 있다. 고구려의 시조인 동명왕은 하백의 딸 유화와 천제(天帝)의 아들 해모수가 신비로운 혼인을 한 뒤에 낳은 커다란 알에서 탄생하였으며, 신라 시조 박혁거세는 하늘에서 내려온 자줏빛 알에서, 가야의 시조인 수로왕도 구지봉에 내려온 황금 알에서 태어났다.

신라의 넷째 왕인 탈해 또한 그의 어머니가 7년간 기도한 끝에 낳은 알에서 태어났다. 그리고 호공에 이어 왜에서 신라로 귀화한 두 번째 인물이었다.

박혁거세나 김수로는 하늘에서 직접 땅으로 내려온 알에서 탄생되지만, 동명왕이나 탈해왕은 인간의 몸에서 알로 태어난 것이다

탈해는 『삼국사기』에서 다파나국, 『삼국유사』에서는 용성국에서 태어났다고 하였다. 이 나라는 왜국의 동북쪽으로 1,000리에 있다고 하였다. 당시 왜의 수도였던 나라(奈良)를 기준으로 보면 실제로는 왜국의 변방이었을 것이다.

알로 태어난 탈해는 왕의 버림을 받았으나 어머니인 왕비에 의해 배에 실려 금관국을 거쳐 신라로 오게 되었다. 고난의 연속이었을 것이다.

왕의 버림을 받은 탈해는 신라까지 오게 되고 신라에서 적응하기까지는 수없는 고난의 연속이었다. 그 시련을 슬기롭게 극복했기에 신라의 네 번째 왕으로 등극할 수 있었을 것이다.

탈해는 어떻게 해서 서라벌에 오게 되었을까?

석탈해왕은 신라의 네 번째 왕으로 재위 기간은 AD.57년에서 80년까지이다. 석씨의 시조인 탈해는 혁거세와 마찬가지로 알에서 태어났다. 『삼국사기』에 의하면 다파나국(多婆那國) 왕이 여인국(女人國) 왕녀에게 장가를 들었다. 그 후 7년 만에 태기가 있어 큰 알을 낳았다. 왕이 상서롭지 못하다 하여 그 알을 버리라고 했는데 왕비는 차마 그러지 못했다. 비단으로 알을 싸고 보물과 함께 궤짝에 넣어 바닷물에 띄웠다. 그 궤짝이 처음 금관국 해변에 밀려들었으나 그곳 사람들이 괴이하게 여겨 그냥 보내니 현 양남면 나아리로 추정되는 아진포에 닿았다. 때마침 해변에 살던 아진의선이라는 노파가 배를 당겨 궤짝을 열었더니 작은 아이가 있어 이를 데려다 길렀다. 장성하자 키가 9자요 인물이 수려하고 아는 것이 많았다. 누군가가 이렇게 말했다고 전한다.

"이 아이의 성씨는 알 수 없으나, 처음 떠내려 올 때 까치가 울며 따랐으니 까치 '작(鵲)'자에서 새 '조(鳥)'자를 떼어 '석(昔)'자로 성을 삼고, 궤짝을 풀고 나왔으니 이름을 '탈해(脫解)'라 하여야 한다."

『삼국유사』에는 탈해가 용성국(龍城國)왕인 함달파(含達婆)와 적녀국(積女國)의 왕녀 사이에 태어났다고 했다. 용성국은 정명국(正明國), 완하국(琓夏國), 화하국(花厦國)이라고도 한다. 그리고 '가락국기'에서는 탈해가 수로왕과의 술법에서 지게 되어 서라벌로 달아난 것으로 되어 있다. 『삼국사기』의 다파나국을 포함하여 이들 나라는 모두 왜국의 동북쪽으로 1,000리 떨어진 곳에 있다고 한다. 당시 일본의 중심지가 나라나 교토였으니 이곳으로부터 동북방은 혼슈의 북쪽이거나 홋카이도이니 역시 일본 땅이다. 대보 벼슬을 지낸 호공도 왜인이라고 했는데 여러 정황으로 미루어 탈해 역시 왜인이 아니었을까? 그렇다면 탈해와 호공은 신라 최초의 귀화인이 되는 것이다. 배에 실려 버려졌으니 망명인이라 해야 할지도 모를 일이다.

『삼국유사』에는 탈해왕의 탄강지가 계림동 하서지촌 아진포라고 기록되어 있는데, 1845년에 나라에서 탄강지에 하마비와 땅을 하사하였다. 석씨 문중에서 이곳에 유허비와 비각을 건립하였다. 현재 이 비가 있는 곳은 양남면 나아리이다.

탈해왕릉은 진짜가 아니다?

'권력은 부자간에도 나누지 않는다.'고 한다. 왕조시대에 왕은 절대 권력을 가진다. 그런데 그 시대에도 서로 왕의 자리를 사양한 사람들이 있다. 신라 제3대 왕인 유리와 제4대 왕인 탈해가 바로 그 사람이었다.

남해왕이 죽은 후 맏아들인 유리가 덕망이 있는 탈해에게 왕위에 오르기를 권하였으나 탈해가 양보를 하였다. 이후 유리왕이 죽을 때는 두 아들이 있음에도 탈해가 왕위를 계승하도록 하였다.

나이 62세에 신라 네 번째 왕으로 등극한 탈해는 계림(鷄林)으로 국호를 삼고 내치에 힘쓰는 한편 백제, 왜, 가야 등과 여러 차례 전쟁을 치르면서 국력을 키워 나갔다. 『삼국사기』에 의하면 탈해가 재위 24년 죽으니 성(城)의 북쪽 양정구(壤井丘)에 장사 지낸 것으로 기록되어 있다. 여기서 언급한 '성'은 기원전 37년에 쌓은 '금성'을 가리키는 듯하다.

그런데 『삼국유사』에서는 재위 23년 만에 세상을 떠났으며 소천구(疏川丘)에 장사를 지내고 유골로 소상을 만들어 대궐에 모셔 두었다가 훗날 태종 무열왕의 꿈에 탈해가 나타나 '내 뼈를 소천구에서 파내어 소상을 만들어 토함산에 안치하라'고 해서 그 말대로 했다. 이후 탈해는 농악신이 되었나고 한다. 『삼국유사』의 기록을 사실로

금강산 남쪽 끝자락에 있는 탈해왕릉

인정한다면 탈해왕릉 또는 사당이 토함산에 있어야 한다. 또 처음 장사를 지낸 곳이 '양정구'와 '소천구'라면 언덕이라야 한다. '구(丘)'는 언덕이라는 의미이니, 산기슭에 있는 현재의 왕릉과는 맞지 않는다.

『신증동국여지승람』과 『동경잡기』에는 탈해왕릉과 관련한 기록이 없다.

현재 탈해왕릉은 동천동 산 17번지 금강산 남쪽 끝자락에 있는 원형봉토분으로 사적으로 지정되어 있다.

왕릉 주변에는 아무런 시설과 표식물이 없는 가장 단순한 형태의 무덤이다. 소나무 숲으로 둘러싸인 이 왕릉은 밑지름은 14.3m이고, 높이는 4.5m로 신라 왕릉 가운데 비교적 규모가 작은 편에 속한다. 능 주변의 소나무가 봉토 쪽으로 다소곳이 허리를 굽히고 경건하게 왕께 예를 표하고 있는 듯하다.

이 무덤은 1974년 12월 31일 새벽 2-3명의 도굴꾼에 의해 도굴을 당했다. 당시 봉분 동북쪽 지점에서 너비 85cm, 깊이 440cm로 갱을 만든 후 도굴을 한 것으로 알려졌는데 이때 묘제가 굴식돌방무덤[횡혈식석실분(橫穴式石室墳)]임이 밝혀졌다.

굴식돌방무덤은 6세기 중엽 이후에 나타나며 탈해왕 재위 시는 목관묘 시기에 해당된다. 또 무덤의 위치도 초기의 고분권 지역인 경주평야 중심지를 벗어난 변두리 산록으로 옮겨졌다는 점에서 탈해왕 때인 1세기가 아닌 통일기 전후의 고분으로 추정된다. 또한 분구의 규모가 소형급이며 묘제가 굴식돌방무덤이란 점에서 통일기 전후의 무덤과 상통한다는 점, 아울러 소상(塑像)을 만들어 토함산에 안치하였다는 설화 내용으로 볼 때 왕릉 내부에는 유골이 없었을 것으로 추정된다는 점, 그리고 유골을 어떠한 사유에서든지 옮긴

묘는 보존하지 않는다는 점 등을 제시하며 학계에서는 이 무덤을 탈해왕릉으로 인정을 하지 않고 있다.

능 앞에 마련된 잘 다듬은 돌은 후대에 설치한 혼유석(魂遊石)이다.

탈해왕의 제전인 숭신전

숭신전은 탈해왕릉의 동남쪽에 있는데 석탈해왕릉 보존회에서 소유·관리하고 있으며 1992년 7월 18일 경상북도문화재자료로 지정되었다.

숭신전은 석탈해왕의 제사를 모시기 위해 광무 2년(1898)에 당시 군수였던 권상문(權尙文)의 제안으로 석씨 후손인 석필복(昔必復)이 인왕동 월성 안에 세웠다. 그 후 광무 9년(1906) 숭신전으로 편액을 받고 숭덕전, 숭혜전의 예에 따라 신라의 3성 시조 임금을 같이 봉사(奉祀)하게 되었다.

1980년 월성 정비 계획에 따라 월성 안의 민가를 철거하면서 지금의 자리로 옮겨 세웠다. 원래 자리인 월성 안에는 팔각 돌기둥만 남아 있다.

숭신전으로 들어가려면 먼저 입구인 홍살문을 통과하여야 한다. 홍살문은 궁전이나 능(陵) 원(園) 묘(廟) 궁전(宮殿) 관아(官衙) 등의 입구에 두 기둥을 세우고 붉은 칠을 한 문이다. 수직으로 세운 두 개의 둥근 기둥 위쪽에 수평으로 두 개의 나무를 나란히 세우고 그 두 나무 사이에 화살 모양의 나무를 수직으로 박은 형태에 지붕이 넓고 문짝도 없으며 문의 가운데 윗부분에는 태극 문양이 있다. 태극 문양 위의 지창(枝槍)은 2지창과 3지창으로 나뉜다. 홍살문은 '붉은 화살 문'이라는 뜻이며 홍전문(紅箭門) 또는 홍문(紅門)이라고도 한다.

홍살문을 통과한 후 영녕문(永寧門), 경엄문(敬嚴門)을 지나면 탈해왕의 위폐를 모신 본전인 숭신전에 이르게 된다. 현재 숭신전의 구조는 크게 세 부분으로 되어 있다. 본전을 가운데 두고 왼쪽에 접빈실인 상의재(尙義齋), 오른쪽에 참봉실로 사용하고 있는 상인재(象仁齋)가 있다. 숭신전은 전면 3칸 측면 2칸의 겹처마 맞배집이다. 평소에는 문이 자물쇠로 잠겨 있어서 일반인들이 숭신전 안으로 들어가 볼 수가 없다.

매년 봄 가을 두 차례에 걸쳐 이곳에서 석씨 문중이 중심이 되어 향사를 지내고 있다.

영녕문 밖에는 1921년에 세운 '신라석탈해왕비명(新羅昔脫解王碑銘)'이라는 비와 비각이 있다. 비의 내용은 김윤식이 짓고 글씨는 윤용구가, 전서는 최현필이 썼다.

비의 내용 중 마지막 부분 일부를 풀어보면 다음과 같다.

> "…… 아! 석씨왕은 하늘이 내린 신인(神人)이다. 까치가 울고 배를 대니 아진포가 빛나도다. 남해왕이 높은 식견으로 정사를 모두 맡겼더니 금옥(金玉)같은 교화가 팔방에 넘쳤도다. 위로부터 왕위를 물려받아 아래로 전해주니 신라에 순(舜)임금의 법도가 행해졌도다.……"

호젓한 남산 자락에 누운 신라왕

신라 초기의 임금 지마왕(祇摩王)

포석정에 차를 대려다가 핸들을 꺾었다. 주차장 오른쪽에 있는 남산 등산로 입구에서 우회전하여 이정표가 가리키는 270m를 더 가니, 소나무 숲 속에 아담한 무덤이 보인다.

주차장은 관리를 하지 않아 어수선하나, 능으로 올라가는 돌계단이 정겹고 안내판도 깨끗하다. 조금 높은 곳에 위치한 왕의 무덤은

아담한 초가집 같은 숲속의 왕릉

그리 멀지 않은 들판을 바라보고, 최근에 만든 상석과 그 상석 옆에 서 있는 조그만 비석이, 여기에 지마이사금(祗摩尼師今)이 잠들어 있다는 사실을 알려준다.

경주시 배동 산30번지, 1971년 4월 28일 사적으로 지정된 원형 봉토분이며, 직경은 12.7m 높이 3.3m의 소형분에 속한다. 전 지마왕릉은 계단식 지형을 이용하였는데 한 단 높은 곳에 서향하고 있다.

왕릉의 위치가 산기슭인 점과 봉분의 규모가 소형인 점으로 보아 통일기의 횡혈식석실분으로 추정된다. 신라 제6대 지마왕(혹은 祗味王)은 파사왕(破娑王)의 적자로 사성부인(史省夫人) 김 씨의 소생이며 비는 갈문왕(葛文王) 마제(摩帝)의 딸 애례부인(愛禮夫人)이다.

일찍이 태자에 책봉되었으며, 112년 10월에 부왕 파사왕이 죽자 왕위에 올랐다.

파사왕이 알지계와 탈해계의 추대로 왕위에 오른 탓에 즉위 초기에 제왕으로서의 위상 정립에 애를 먹었던 것에 비해 지마왕은 별다른 잡음 없이 순탄하게 왕좌에 올랐다. 그래서 지마왕 대의 국내 정치는 안정되어 권력 다툼이나 지방 세력의 도전이 거의 없었다.

지마왕은 외교가였는가?

그러나 국제 관계는 복잡하여 외교 능력이 매우 중시되는 시대였다.

왕위에 오른 지마왕은 즉위 이듬해인 113년 2월에 대대적으로 조정을 개편하여 대부분 왕의 형제, 또는 사촌으로 하여금 정사를 보게 하였다. 백제와는 부왕인 파사왕 때부터 화친관계에 있었으나,

가야는 여전히 적대관계를 지속하고 있었다. 당시 왜는 백제 및 가야와 외교관계를 맺고 있었고, 신라는 가야와 왜의 관계를 방해하는 입장이었다. 여러 차례 가야, 왜와 전쟁을 치르다가 재위 12년(123년) 3월에 마침내 지마왕은 왜국과 화친을 맺었다. 그 내막은 자세히 알 수 없으나 당시 신라의 상황이 전염병과 흉년 등으로 매우 위태로웠기 때문에 궁여지책으로 저자세의 강화를 맺은 것이었으리라.

덕분에 왜군의 침입에 대한 염려는 수그러들었지만 우환은 그치지 않았다. 북쪽에서 말갈이 크게 번성하여 침략의 기회를 엿보고 있었던 것이다.

말갈은 독자세력을 유지하기 위해 고구려에는 머리를 숙인 반면 백제에 대해서는 적대적이었고, 신라의 성장에도 위협을 느끼고 있던 터였다.

춤추는 애례 낭자

신라의 왕들 대다수는 친척들 중에서 배우자를 구했다. 사촌은 물론이고 조카와 결혼하는 일도 흔했다. 이는 왕족의 특권을 다른 세력에게 내주지 않고 독점하기 위한 정치였다. 그러다 보니 애틋한 연분에 의한 결혼보다는 정략결혼이 흔하기 마련이었다. 신라초기 지마왕(112~134)은 근친결혼은 하지 않았으나 정략결혼이라는 점에서는 역대 왕들과 같았다. 다만 그의 경우는 공개된 모임에서의 우연한 선택이 사랑의 문을 여는 계기가 되었다.

파사왕이 왕위에 있을 때, 당시 태자이던 지마와 함께 유찬(楡湌)의

한적한 남산자락에 있는 전 지마왕릉, 찾는 이가 별로 없다

늪으로 가서 사냥을 한 적이 있었다. 사냥을 마치고 한기부(韓岐部)에 들렀다.

당시에는 하천의 제방이 드물어 곳곳에 소택지가 널려 있었는데 유찬못도 그중 하나였다. 지마태자는 궁궐이 위치한 경주 월성에서 출발했으니 사냥을 했던 유찬못은 소금강산 북쪽 어디쯤이었을 것이다.

파사왕과 지마태자 일행이 한기부에 도착하자 파사왕의 장인 허루(許婁)가 잔치를 베풀었다. 모두가 술이 얼큰하게 취하자 허루의 아내가 어린 딸을 데리고 나와 춤을 추게 하였다. 허루는 파사왕에 이어 지마왕의 왕비도 자기 딸 중에서 배출하려 했던 것이다. 그러자 이찬(伊飡) 마제(摩帝)의 부인도 자기의 딸을 데리고 나와 춤을 추게 하였다. 술자리에서 춤을 추는 것은 예나 지금이나 흔한 일이다. 그렇지만 이 연회는 결코 평범한 자리가 아니었다. 허루와 마제는 모두 이찬이라는 직위에 있었는데, 이는 신라에서 두 번째 가는 고위직이었다. 이런 인물들이 딸을 태자에게 앞 다투어 선보이려

했다면, 단순히 춤 솜씨를 보여주거나 연회의 분위기를 북돋우기 위한 것만은 아니었을 것이다.

태자의 사랑

지마태자 역시 한기부의 김씨 집단에서 배필을 구하기로 이미 마음을 먹고 있었다. 단순하지 않은 정략 즉 왕실의 권력을 안정시키고 촌들에 대한 지배를 강화하려는 정치적 의도가 태자에게도 다분했다.

그러나 술 한 잔 먹고 애례의 춤을 바라보는 그 순간만큼은 모든 것을 잊고 그녀의 매력에 도취되었던 것 같다. 애례부인을 맞이한 지마태자는 파사왕이 죽은 뒤 왕위에 올라 23년 동안 신라를 다스렸다. 그동안 애례부인에게서 내례(內禮)공주를 낳았으나 아들을 낳지 못했다. 그래서 지마왕이 죽은 뒤에는 왕위가 삼촌인 일싱왕(逸聖王)으로 넘어가게 되었다. 또 지마왕은 파사왕만큼 치적을 남기지도 못했다. 그러나 처음 애례부인에게 느꼈던 설렘만큼은 끝까지 간직했을 것이다.

왕릉을 볼 때마다 왜 이렇게 허무한 생각이 드는 것일까?

새삼 '인생무상, 권불십년, 화무십일홍' 이런 말이 머리를 어지럽힌다.

> '고작 칠십생애(요즘은 한 구십?)에 희로애락을 각축하다가 한 움큼 부토로 돌아가는 것이 인생이라 생각하니, 의지할 곳 없는 나그네의 마음은 암연히 수수롭다'

정비석 씨의 '산정무한' 한 구절이 입안에서 뱅뱅 돈다.

팔순에 왕이 된 성군(聖君) 일성이사금(逸聖尼師今)

나정과 육부전을 지나 남간마을회관 앞을 통과하여 경덕사를 지나면 남간길 끝자락에 이르게 되는데 오른쪽으로 금강저수지(강당못이라고도 한다), 왼쪽이 보광사이다. 절 앞을 휘돌아 내려가다 보면 우거진 숲에 이르게 된다. 이 숲속에 일성왕릉이 자리하고 있다.

능 가까이 다가서자 머리가 맑아지고 기분이 가뿐해진다. 심리적으로 안정감을 느끼게 되는 이와 같은 현상을 '녹색효과'라고 한다. 소나무들이 내 뿜는 기운을 크게 들어 마시고 왕릉을 둘러본다.

일성왕릉은 경주시 탑동 산 23번지로 왕경의 남쪽이자 남산 서북쪽 남간사지 동편 산기슭의 송림 가운데 있다. 시내에 있는 대형분에 비해 작은 편으로 원형봉토분이다. 서남쪽 방향으로 약간 경사진 산기슭에 조성되어 있다. 축대를 높이 쌓지 않고 경사지를 3개 단으로 나누어 지면을 평탄하게 조성하였다. 할석으로 하단은 5-6단, 중단은 3단, 상단은 2단으로 쌓았다.

학계에서는 이 능을 횡혈식석실분으로 추정하고 있는데 봉분 앞쪽으로 괴석이 노출되어 있다. 횡혈식석실분(橫穴式石室墳)은 굴식돌방무덤이다. 산의 사면을 이용하여 구덩이를 먼저 파고 깬돌[할석(割石)] 등을 사용하여 널을 안치할 수 있는 방을 만들고

남간마을 산기슭 울창한 송림 속에 있는 일성왕릉

무덤방의 한쪽 벽에 외부로 통하는 출입구를 만든 뒤 봉토를 씌운 무덤이나. 사람이 살고 있는 공간으로 간주하여 널길[연도(羨道)]과 문을 달아 사람이 드나들 수 있도록 만든 것이 일반적이다. 그리고 무덤 안에는 추가로 장례를 치르기 위한 관대가 놓여 있고, 관대에는 머리 베개[두침(頭枕)]와 발 받침인 족좌(足座)가 있는 무덤도 있다. 이와 같은 형식의 묘제는 신라의 경우 통일 이후에 조성되고 있는데, 신라 건국 초기에 해당하는 일성왕의 능이 될 수 없다는 것이 학계의 공통된 의견이다.

『삼국사기』에는 경애왕을 남산 해목령(蟹目嶺)에 장사지냈다고 되어 있다. 따라서 해목령의 서북쪽으로 200-300m 거리에 있는 이 일성왕릉을 경애왕릉으로 보는 견해도 있다.

왕릉 앞에 2개의 표지석을 세워두었다. 앞쪽에는 한글로 '사적 제

173호 신라일성왕릉'으로 기록되어 있고, 왕릉 바로 앞에는 고종 8년(1870)에 박씨 문중에서 세운 표지석이 서 있는데 '崇禎紀元後五辛未正月立' 즉 명나라가 멸망한 후 5번째 신미년 정월에 세웠다는 것이다. 상석 좌측면에는 '新羅紀元二千十癸巳冬月日後孫参奉益鉉謹質'이라는 기록이 있는데 이는 신라 건국 후 2010년이 지난 계사년 즉 1953년 겨울에 후손인 참봉 박익현이 설치하였다는 의미이다.

왕릉으로 올라가는 돌계단과 능 앞의 2단으로 된 축대는 1970년 경내 정비 사업의 일환으로 조성하였다. 이 능은 문헌상으로 아무런 기록이 확인되지 않고 있는데도 불구하고 조선 영조 6년(1730) 박씨 일족이 비정한 것이다.

왕위 계승에는 기본적인 원칙이 있었는데...

신라 상대 왕위 계승은 기본적으로 부계 종족(宗族) 내의 계승이었다. 그러나 왕위 계승의 실제를 보면 부자, 종족, 씨족 사이에도 이루어졌다. 먼저 씨족 간의 왕위 계승을 보면 남해(박). 탈해(석), 미추(김)의 왕위 계승은 혈족 원리만으로는 볼 수 없고, 이는 왕권의 지배 세력 관계로 봐야 한다.

다음은 종족 간의 계승에 대하여 신라 상대 왕을 배출한 박·석·김 세력은 시간이 지나면서 그 집단의 규모가 커졌으나, 세 세력의 종족들 모두가 동등한 사회적·정치적 지위를 유지할 수는 없었다. 그래서 같은 종족들은 왕과 부자 관계가 아니더라도 왕위 계승을 하여 동등한 지위와 권리를 가지고 있었던 것으로 보인다.

왕위 계승은 항시 선택의 여지가 있었고 계승권자를 정하는 일은 매우 중요하였다. 우선 가장 주목되는 방법이 태자 책봉이다. 왕위가 종족 내에서 계승될 때는 거의 왕의 다음 세대 계승자 중에서도 일반적으로 장자가 왕위를 계승하였다. 한편 왕위 계승자는 어머니 계통이 중요하여 왕의 정비(正妃)의 아들이어야 하였고, 후궁의 아들은 자격이 없었다.

왕위 계승자 확보의 또 다른 장치로는 부군(副君)을 임명하는 방법이 있었다. 재위하고 있는 왕에게 아들이 없거나 왕위 계승을 하던 종족에 후계자가 없을 때에는 가장 가까운 혈족으로 부군을 삼았던 것이다.

왕위 계승권자의 태자 책봉은 왕위 계승 경쟁을 방지하는 중요한 장치였다. 그리고 왕위 계승의 안정과 왕권의 강화를 위해 왕의 동생들을 갈문왕으로 삼는 방법도 택했다.

왕의 실성이나 정치적 싸움으로 폐위되는 사례가 신라 상대에는 없었으나, 신라 하대에는 왕위 계승전이 여러 차례 벌어져 왕을 폐위시키는 일이 있었다. 그렇지 않을 경우 왕의 임기는 죽을 때까지 그 지위를 유지하였다.

제3대 유리이사금의 태자 일성이 제7대에 이사금이 된 사연

신라 제3대 유리이사금(儒理尼師今)은 제2대 남해차차웅(南解次次雄, 재위 4~24)의 아들로 아버지가 죽은 뒤에 왕위를 물려받았는데, 『삼국사기』와 『삼국유사』에는 당시 유리이사금이 누이의 남편이자

대보 석탈해(昔脫解)에게 왕위를 양보하려고 했다는 이야기를 전하고 있다. 하지만 석탈해가 덕이 많고 지혜로운 사람은 이(齒)가 많다며 떡을 깨물어 잇금[齒理]을 시험해보자고 하여 이가 많은 유리이사금이 왕위에 오르게 되었다. 신라의 왕을 가리키는 이사금이라는 왕호도 이 일에서 비롯된 것으로 알려져 있다.

『삼국유사』에는 이질금(尼叱今)이라고도 기록되어 있는데, 『삼국사기』는 김대문(金大問)을 인용해서 이사금은 잇금(齒理)을 나타내는 말로 남해차차웅이 자신이 죽은 뒤에 박씨와 석씨 가운데 나이가 많은 자가 왕위를 이으라고 했고, 뒷날 김씨 성이 흥기하면서 세 성씨 가운데 나이 많은 자를 골라 왕위를 잇도록 했기 때문에 왕을 이사금이라고 부르게 되었다고 한다.

제3대 유리이사금은 34년 동안 신라를 통치했고 57년(유리 34)에 병이 들어 사망했다. 그는 죽기 전 자신의 두 아들의 재주가 석탈해에 미치지 못하니 그에게 왕위를 물려주라는 유언을 남겼고, 결국 아들들을 대신해 제4대 탈해이사금(脫解尼師今, 재위 57~80)이 왕위를 물려받았다.

『삼국사기』에는 80년(탈해 24) 제4대 탈해이사금(脫解尼師今, 재위 57~80)이 죽은 뒤에 신하들이 제3대 유리이사금의 태자였던 일성이사금을 왕으로 세우려 했지만, 동생인 제5대 파사이사금(婆娑尼師今, 재위 80~112)이 더 위엄이 있고 현명해 그를 왕위에 앉혔다고 기록되어 있다. 그래서 일성이사금은 파사이사금을 거쳐 조카인 제6대 지마이사금이 134년(지마 23) 후사를 남기지 못하고 죽은 뒤에야, 제7대 일성이사금(134~154)이 왕위에 오를 수 있었다.

전왕 탈해 재위 24년, 파사 33년, 지마 23년으로 아버지인 유리왕 사후 80년(실제로는 77년) 후, 이 기록대로라면 일성이사금은 아무리 적게 잡아도 80세가 되어서야 왕위에 오른 것이 된다.

나이를 잊은 성군(聖君) 일성이사금

일성이사금은 재위 중에는 말갈의 침입을 물리치고 압독의 배반을 진압했으며 알천 서쪽에서 열병식을 하는 등 국방에 힘을 기울였다. 금성(金城)에 정사당(政事堂)을 설치하여 대신들이 모여 중요한 국사를 논의하고 결정해 국사를 처리하였다.

시조 사당과 태백산에서 제사를 지내고, 제방을 수리하고 농토를 개척하였으며 흉년이 들면 백성들에게 곡식을 나누어 주는 등 선정을 베풀었다. 그리고 지혜와 용맹을 겸비한 장수를 추천하게 명하여 군사를 확장하는 한편 '민간에서 금·은·주옥의 사용을 금하라'는 명을 내리기도 했다.

『삼국사기』에는 위엄과 총명이 아우인 파사에 미치지 못한다고 하였으나 이 기록에 의하면 왕은 문무를 겸비하였고 재위 동안 지진, 전염병, 우박, 풍수해 등 수 많은 자연재해에도 백성들과 함께 잘 극복하였고 어려운 백성의 생활도 살뜰하게 챙기는 성군이었다.

일성이사금은 154년(일성 21) 봄에 사망했으며, 그의 장남인 아달라이사금이 왕위를 이었다. 일성이사금의 장지(葬地)에 대한 기록은 남아 있지 않으나 오늘날 경주시 탑동에 위치한 고분을 일성왕릉으로 비정하고 사적으로 지정하여 관리하고 있다.

무덤 속에서 나라를 지킨 미추왕릉

담장으로 둘러싸인 미추왕릉

미추왕릉은 경주 시내에서 가장 가까운 유적지로 학생들의 소풍 장소로 많이 애용되었던 유적지이다. 시내에서 남쪽으로 연결된 신작로를 따라 쭉 들어가면 오른쪽으로 소나무 숲이 나왔는데 그 옆으로 미추왕릉이 있었다. 지금은 왕릉 주변에 대릉원이 조성되어 있다. 대릉원 주변에 주차장과 음식점이 즐비하게 늘어서 있는데 그

전면에서 본 미추왕릉

옛날, 이 왕릉 옆 산책길은 많은 사람이 즐겨 찾는 장소였다. 현재 대릉원 가는 돌담길이 바로 옛날 미추왕릉 가는 길이다.

대릉원 일원에는 신라 초기에 조성된 30기의 크고 작은 무덤들이 있다. 대릉원 남쪽 정문으로 들어서면 소나무 숲이 나오는데 그 나무들의 모습은 옛날과 크게 달라지지 않았지만, 주변 환경은 경주의 명소답게 깨끗하게 정비가 되어 있다. 대릉원 남쪽 정문에서 길 따라 왼쪽으로 걸어가면 왕릉으로 들어가는 출입문이 나온다. 여기가 미추왕릉이다. 이 왕릉은 신라 제13대 미추왕(味鄒王, 재위 262~284)을 모신 곳이다. 왕릉 전면에는 돌담을 쌓고 정면에 문을 세우고 출입하도록 했다. 그리고 정방형으로 낮은 철책으로 둘러 능을 보호하고 있다. 주변의 다른 능과 비교가 된다.

혼유석(魂遊石)

왕릉의 봉분은 높이 12.4m, 지름 56.7m로 둥글게 흙을 쌓은 형태이며, 경주 시내 평지에 있는 고분 가운데서도 대형분에 속한다. 내부 구조는 주변에 있는 이미 발굴이 된 천마총이나, 황남대총과 같이 돌무지덧널무덤(積石木槨墳)일 것으로 추정된다. 능 앞에는 화강석으로 만든 왕릉 표지석과 미추왕의 넋이 나와 놀도록 한, 즉 혼이 머무는 자리인 혼유석(魂遊石)이 있는데 후손들이 숭혜전을 세우면서 같이 만든 그것이 아닌가? 생각된다. 그리고 대나무가 병사로 변하여 적군을 물리쳤다는 전설에 따라 죽현릉(竹現陵) 이라고도 한다. 왕릉 뒤편으로 오죽(烏竹)이 있는 작은 대나무 숲이 아직도 남아 있다.

죽엽군이 이서국의 병사를 물리쳤다

정면의 담장과 출입문

미추왕릉은 대나무가 병사로 변하여 적군을 물리쳤다는 전설에 따라 죽현릉(竹現陵)이라고도 한다. 『삼국사기』 신라본기에 대릉(大陵)이라는 추상적인 단어와 죽장릉(竹長陵)이라는 능호만 나와 있다. 그리고 『삼국유사』 「기이편」에 미추왕릉은 흥륜사 동쪽에 있다 하였다. 그리고 죽현릉이라 기록하고 있다. 제13대 미추왕은 12대 첨해왕(沾解王)이 아들 없이 죽자 그 뒤를 이어 왕위를 이었다. 석씨(昔氏)계는 박씨(朴氏) 세력을 견제하기 위한 수단으로 석씨계에 비교적 우호적이며 세력이 약했던 김씨를 왕위에 올렸다. 미추 이사금은 정통성에 대한 논란을 불식하려는 이유였는지 재위하는 동안 백성들을 보살피는 것에 중점을 두었다. 대내적으로는 백성들의 생업에 지장이 없도록 제도를 바로잡고 농업을 장려했다. 신라시대의 국가와 개인의 관계는 오늘날과 같은 것이 아니며 민족이란 개념도 종족과 씨족(氏族)의 배타성으로 존재했다는 사실을 염두에 두었으면 한다. 미추왕은 초기 신라에 23년간 재위하면서 여러 차례 백제의 공격을 무사히 막아내고 농업을 장려하여 백성들로부터 높은 추앙을 받은 왕이었다.

미추왕에게는 신비한 이야기가 있다. 미추왕 다음에 즉위한 14대 유례왕이 왕위에 오르자 청도지역에 있던 이서국(伊西國)이 국력을

다 기울여 신라를 쳐들어왔다. 이서국이 어떻게 건국되었으며, 어떤 왕계를 지녔는지 등 자세한 역사는 알기가 어렵다. 신라는 나라를 내놓고 덤비는 이서국의 결사대를 견제할 힘이 없었다. 그래서 전쟁은 백중지세로 세월만 가기를 기다렸다. 그런데 그때 신라에 원정군이 나타나 돕기 시작했는데, 모두 대나무 잎을 귀에 꽂고 있었다. 이 원정군이 어찌나 날쌔고 용감했던지 이서국의 병졸들이 나뭇잎처럼 떨어져 죽어 나갔다. 이것을 본 신라군들이 용기백배하여 이서국까지 밀고 들어가 마침내 이서국을 멸망시키고 영토를 넓히게 되었다. 이서국과의 전쟁이 끝날 무렵 신라군에 도움을 준 원정군들의 모습이 보이지 않았다. 어디에서 그런 훌륭한 병사들이 왔으며 또 어디로 사라졌는가. 그 흔적을 찾아 나선 장졸들의 발길이 미추왕의 무덤 앞에 이르렀을 때 모두 엎드려 절을 올릴 수밖에 없었다. 미추왕의 무덤 앞에 댓잎이 무수히 떨어져 있었던 것이다. 필시 귀에 댓잎을 꽂고 나타났던 원정군들의 것으로 보였다. 죽어서까지 나라를 지키기 위해 병사를 보내준 미추왕의 무덤 앞에서 병사들은 감격의 눈물을 흘렸다. 그래서 그곳을 죽현릉(竹現陵)이라고 부르게 되었다. 이것이 신라 역사에 기록된 최초의 호국설화(護國說話)가 되었다.

계림(鷄林),
그 숲에 이어진 내물왕릉

점성대(占星臺) 서남쪽에 있다고 기록된 왕릉

첨성대 지척인 인왕동 고분군 안쪽에 내물왕릉이 있다. 동부 사적지(東部史蹟地)가 있는 계림(鷄林)의 안쪽에 고목이 울창한 숲속으로 탐방로가 있는데 그 끝에 왕릉이 있다. 월성 바로 앞에 교촌 한옥마을에서부터 최 부잣집, 향교가 있고, 향교 옆 돌담길을 따라가다가 북쪽 숲속으로 들어가면 계림과 내물왕릉으로 이어진다.

향교에서 바라본 내물왕릉

오늘 날씨가 너무 좋아서 그런지 내물왕릉을 찾아 관람하는 사람들이 많이 보인다.

신라 천 년의 수도인 경주는 신라가 992년간 존속하면서 수많은 능묘(陵墓)유적을 남겼다. 그중에서 화장(火葬)하여 산골(散骨)한 몇몇 왕과 왕비를 제외한 여러분의 왕과 왕비, 그리고 수많은 왕족, 귀족들이 경주 땅에 무덤을 만들었다. 신라 왕릉 연구에 있어 가장 어려운 점은 묘지석과 같이 무덤의 주인공을 알 수 있는 결정적인 고고학적 자료가 없다는 것이다. 특히, 마립간 기의 왕릉은 부장품의 양과 질, 봉분의 규모나 대형분의 축조 등을 기준으로 다양한 견해가 제시되고 있지만, 쉽게 결론이 나지 않고 있다. 이러한 상황에서 봉분의 규모를 재검토하고, 왕릉의 입지 등을 고려한 새로운 시각을 더해 마립간 시대의 능을 추정하고 있다.

오늘날 우리는 해당 능묘를 통해 당시의 정치 및 사회상에 대한 복원을 사실상 어렵게 한다. 그리고 이와 같은 상황은 고고학적으로 피장자를 규명하는 데 역량을 집중하는 직접적인 이유가 되고 말았다. 신라가 쇠망한 이후 일천 년이 넘는 세월을 지나오는 동안 능묘는 인위적, 자연적인 훼손도 있었다. 전승(傳承) 과정에서 능묘 대부분이 주인공을 잃어버렸거나 잘못 전승되어 주인공이 달라지기도 했다.

계림(鷄林), 그 숲 끝에 고분이 5기가 있는데 그중 하나가 내물왕릉이다. 그 뒤로 2개의 무덤이 나란히 있다. 왕릉 사이로 저 멀리 첨성대가 보인다. 『삼국유사』에 내물 마립간의 능이 점성대(占星臺) 서남쪽에 있다고 기록되어 있다. 내물왕릉은 높이 5.3m, 지름 12.2m에 둥글게 흙을 쌓은 원형 봉토 무덤이다. 밑 둘레에는 자연석을 이용하여 봉분의 흙의 부너짐을 대비하여 둘레돌을 만들어 능을 보호하였다. 무덤 주변을 사각형으로 둘러싸고 있는 담장 터 흔적이 있는데 그것은 일찍부터 특별히 보호된 것으로 보이는 흔적이다. 마립간 시기의 신라 무덤의 내부 형태는 거대한 규모의 돌무지덧널무덤(積石木槨墳)이다. 그리고 왕릉 정면에 후손들에 의해 화강암으로 만들어진 혼유석이 놓여 있다.

고분 사이로 첨성대가 보인다.

내물 왕릉 주변에 5기의 고분이 있다. 28호분, 29호분, 30호분, 118호분, 119호분이 여기에 해당한다. 119호분은 표형분으로 매장주체부가 3개인 독특한 고분으로 추정되고 있다. 맨눈으로 보아도 고분의 모양이 작은 산과 같이 규모가 크다. 주변의 일반 능과는 많은 차이가 있다.

경주의 고분들은 대부분 평지에 터를 잡고 있다. 황오동, 황남동, 인왕동, 노서동으로 펼쳐지는 평야에 고분들이 모여 있다. 잔디를 곱게 입힌 고분들 사이로 뿌리를 내린 나무가 듬성듬성 서 있다. 경주에 사는 사람들은 고대 신라시대의 왕릉 규모의 능을 항상 가깝게 하고 살고 있다. 고대의 고분들은 평소에 우아하고 장엄한 분위기를 연출한다. 그리고 시야를 멀리 두고 보면 무덤 위에 흐르는 곡선이 아름다운 모습으로 다가온다.

고대국가 체제를 완성한 내물 마립간

후대에 만들어진 석조물

왕이라고 칭하기 이전의 왕호는 순수한 우리말이며, 왕호의 변천은 신라 사회의 성장과 밀접한 관련이 있다. 거서간, 차차웅, 이사금, 마립간의 순으로 되어 있다. 마립간은 우두머리, 대 수장을 뜻하는 정치적인 호칭이다. 신라 17대 왕인 내물왕은 김씨 성을 가진 두 번째 왕이다. 이때부터 이사금에서 마립간으로 호칭이 바뀐다. 즉 나이 많은 지혜가 풍부한 사람에서 대장군으로 바뀐 것이다. 그것은 내물 왕권의 성장을 잘 나타내주는 것으로, 신라인의 계급 제도가 정치에 반영되기 시작한 때에 사용된 것이다.

신라 17대 내물 마립간(奈勿麻立干)은 성이 김(金)씨이고, 이름은 나물(奈勿)이며, 나밀(那密)이라고도 한다. 그래서 내물왕릉을 나물왕릉이라고도 한다. 아버지는 말구각간(末仇角干)이며, 왕비는 휴례부인(休禮夫人)이다. 중국 전진(前秦)과의 외교관계를 통해 선진문물을 수입하였다. 백제와 왜의 연합세력이 침입하자 고구려 광개토대왕에 도움을 요청하여 위기를 모면하였으며, 국력이 비약적으로 발전한 시기이다. 내물 마립간의 왕호는 『삼국사기』에는 「이사금」으로 기록되어 있고, 『삼국유사』에는 「마립간」으로 표기되어 있는데, 일반적으로 내물왕 때에 「마립간」의 왕호를 처음 사용한 그것으로 이해한다.

내물 마립간 대에 와서 신라가 고대 국가체제를 완성하는 시기라 보면 되겠다. 그러나 대외적으로는 아직 고구려에 대하여 군사적 지원을 요청해야 하였고, 그 결과 내정간섭을 받을 정도로 자주적인 발전 기반을 확고히 마련하지 못하였다.

불교를 공인하고 말년에 출가한 법흥왕의 능을 찾아서

법흥왕의 성은 김씨(金氏)로서 이름은 원종(原宗)이다. 그런데 『삼국사기』에서는 『책부원귀』[1]를 인용하여 법흥왕의 성을 '모(募)' 이름은 '태(泰)'이라고 하였다. 그러나 이후 모씨에 대한 기록이 전혀 없어 '모'를 성으로 볼 수 없다는 것이 학계의 공통된 의견이다. 또 울주 천전리 각석에 법흥왕을 지칭하고 있음이 분명한 '모즉지(牟卽智) 매금왕(寐錦王)'이라는 표현이 있는데 성씨가 분명하지 않다. 당나라 때 편찬된 역사서인 『북제서』에는 진흥왕에 대하여 이렇게 기록하고 있다.

> '신라왕 김진흥을 사지절 동위교위 낙랑공 신라왕으로 삼았다.'

이 기록을 신뢰한다면 진흥왕 이후 성씨가 사용되었을 것이다. 그렇다면 법흥왕의 성씨에 대한 『책부원귀』의 기록을 그대로 받아들일 수가 없게 된다.

법흥왕은 지증왕의 맏아들로 신라 23대 왕이며 재위 기간은 27년간

---

1 송(宋) 나라 왕흠약(王欽若) 등이 황제의 명을 받들어 역대 정치에 관한 사적을 모은 책으로 1천 권으로 되어 있다.

(514-540)이었다. 왕은 키가 7척이었으며 도량이 넓었다고 하며, 상대등을 설치해 귀족회의를 활성화하는 한편 영토를 크게 넓혔다. 또 병부령을 설치하고 관등제와 골품제, 율령을 반포하고 공복을 제정했다. 신라로서는 이때 처음 건원이라는 독자적인 연호를 사용하여 자주국가로서의 위상을 확립하고 살생을 금하는 법을 만들었다. 지증왕 때 임금의 칭호를 마립간에서 왕으로 바꾸었지만 법흥왕 이후부터 정식으로 쓰이게 되었다.

한편 대외적인 면에서는 대가야와 혼인관계를 맺고 변방으로 진출하는 백제 군사를 견제했다. 또 금관가야의 구형왕이 신라에 항복을 하였다. 구형왕은 김유신 장군의 증조부이니 삼국통일의 대업을 이루게 되는 인물을 받아들인 셈이 된다.

법흥왕 때 이루어진 치적 중 가장 중요한 것은 불교의 공인이었다. 이차돈의 순교를 계기로 불교를 공인함으로써 통일을 위한 사상적 기반을 마련하였던 것이다.

말년에는 출가하여 신라 최초의 사찰인 흥륜사를 짓고 법호를 법공(法空) 또는 법운(法雲)이라 했다.

『삼국유사』에서는 신라의 시대 구분을 상고기(박혁거세 ~ 22대 지증왕), 중고기(23대 법흥왕 ~ 28대 진덕왕), 하고기(29대 무열왕 ~ 56대 경순왕)로 구분한다. 여기에서 중고기의 시작을 법흥왕 시기로 잡은 것은 중앙집권체제를 확립하고, 불교의 공인으로 삼국통일의 사상적 기반이 다져진 시기였기 때문이다.

재위 27년 만에 왕이 죽자 시호를 법흥(法興)이라 하고, 애공사(哀公寺) 북쪽에 장사 지냈다는 기록이 있어 지금의 이 자리를 법흥왕릉일 것으로 추정하고 있으나 학계에서는 대체로 이를 인정하지 않고 있다.

법흥왕릉은 능선의 사면을 그대로 이용하여 봉분을 조성하고
능 동편의 석물은 후대에 보완한 것이다.

소박하지만 기품이 있는 법흥왕릉

연일 폭우로 농경지가 침수되고 여기저기 인명 피해를 당한 지역도 있다. 가끔 비가 멈추기도 하지만 불볕 더위가 바깥으로 나가려는 사람을 잡는다. 그러나 비와 더위에 움츠리고 있을 수만 없다. 물병을 끼고 법흥왕을 알현하기 위해 집을 나섰다.

법흥왕릉은 고속도로가 건너다보이는 선도산 서남쪽 끝자락 조용한 농로 안쪽 후미진 솔숲에 있다. 외진 곳일 뿐더러 꺾어 들어오는 길 입구에 있던 표지판 외에는 길 안내도 없고 진입로가 좁고 주차장도 협소하다. 필자와 같은 서민이 임금을 알현하기가 쉽지 않은 것은 어쩌면 당연한지도 모르겠다.

저 앞으로 법흥왕릉이 시야에 들어온다. 이제 제법 땅기운이 오른 진초록의 벼가 나락 냄새를 풍기는 논둑에 깔끔하고 단정한 경고문이 눈길을 끈다.

"쓰레기나 휴지를 논에 버리지 말고 길에 버리세요. 논 주인이 다 치워드립니다. 그런데 안 된다고 생각되시는 분은 버리지 마세요."

논주인의 고충이 진하게 느껴지는 글귀이다. 아직도 공중도덕이 보편화되지 않은 우리의 사회적 의식이 살짝 부끄럽다.

왕릉 가는 길은 호젓하고 소박해서 나도 유순해진다. 시멘트로 포장은 했으나 풀들이 자라는 길섶을 남겨두어 정겹고 고맙다. 무덤 가까운 흙길에는 융단처럼 깔린 질경이가 우러러 믿었던 나랏님께 바치는 백성들의 충정처럼 사람들의 발길에 엎드려 있다. 들어오는 길의 처음 느낌과 같이 우람하지도 위압적이지도 않은 그러나 초라하지도 않은 기품이 있는 무덤이 비스듬히 누워있다.

신라의 고분은 6세기를 중심으로 그 이전까지는 평지에 돌무지 덧널무덤[적석목곽분(積石木槨墳)] 형식이었으나 그 뒤부터는 산기슭으로 옮겨지고 내부 형식도 굴식돌방무덤[횡혈식석실분(橫穴式石室墳)]으로 바뀐 것으로 알려지고 있다. 그리고 법흥왕 이후부터는 왕릉의 소재지나 장례지가 주변에 있던 사찰을 중심으로 방위·산이름·지역명 등으로 기록되고 있다. 이는 이때 공인된 불교의 영향으로 보인다.

왕릉은 능선 사면을 그대로 이용하여 봉분을 조영하였으며 봉분 형태는 남-북 장축의 타원형이다. 봉분 크기는 장축이 13m, 높이가

3m 정도 되며 능 주위를 노송들이 둘러싸고 있다. 봉분 아래 부분에 직경 30cm 내외의 할석들이 노출된 것으로 볼 때 봉분 내에 호석을 돌린 듯하다. 왕릉 주변의 석물들은 후대인들이 만든 것으로 능의 동편에 오석(烏石)과 화강석으로 배례석, 향대, 수세대 등을 조성하였다. 그 앞에는 표석과 안내판이 나란히 세워져 있으며 능 뒷부분은 두둑으로 둘러싸고 그 바깥쪽에는 배수구를 파 놓았다.

마음이 한적한 날에 다시 찾아와 차 한 잔 올리고 싶다.

법흥왕릉은 다른 곳에 찾아야 한다?

'순환논리의 오류'라는 것이 있다. 논증의 결론 자체를 전제의 일부로 사용하는 오류를 말한다. 노신의 『아큐정전』엔 "그 놈은 나쁜 놈이니 사형을 당해야 해. 사형을 당하는 걸 보면 나쁜 놈이야"라는 말이 나오는데, 바로 이게 순환논증의 전형적인 예다. 결론이 되어야 할 것이 전제되기 때문에 결론이 되풀이하여 전제되며 순환하게 되기 때문이다. 이 오류를 가리켜 '선결문제 요구의 오류(fallacy of begging the question)' 또는 '부당 가정의 오류(fallacy of undue assumption)'라고도 한다.

『삼국사기』에는 법흥왕을 애공사 북봉에 장사지낸 것으로 되어 있고 『삼국유사』는 왕의 능이 애공사 북쪽에 있다고 하였다. 현 법흥왕릉의 남쪽에 효현동 삼층석탑을 애공사지로 보고 그 북쪽에 있는 이 고분을 법흥왕릉이라고 한 것이다. 그리고 법흥왕릉의 남쪽에 효현동 삼층석탑이 있으니 이를 애공사지 삼층석탑으로 추정한다.

전형적인 순환논리의 오류를 범하고 있는 셈이다.

또 『삼국사기』에서 법흥왕릉을 애공사 북봉이라고 했으니 능이 산봉우리에 있어야 하는데 현 법흥왕릉은 산골짜기 혹은 산기슭에 있으니 기록과는 다르다. 『삼국사기』에는 진흥왕도 애공사 북봉에 장사지낸 것으로 되어 있고 『삼국유사』에서는 진지왕의 능도 애공사 북쪽에 있는 것으로 기록되어 있다. 그런데 이 부근에는 왕릉으로 추정할 만한 무덤이 없다. 따라서 법흥왕릉은 이곳이 아니고 다른 곳에 찾아야 할 것이다. 이근직과 강인구 등은 무열왕릉의 위쪽 4기의 고분 가운데 한 기를 법흥왕릉으로 보고 있다.

“나라의 흥망은 하늘에 달려있으니…” 진흥왕

선도산 동쪽 기슭에서 만난 진흥왕릉

50년이나 되었을까, 오래 전 일행들과 함께 선도산을 등산하던 중 뜻하지 않게 처음으로 만난 진흥왕릉!

학창시절, 신라 중흥의 군주라는 등 쉬이 잊어질 수 없을 정도의 이름을 머릿속에 기억하고 있는 것에 비해 어째 그 이름에 걸맞지 않는 초라한 모습의 왕릉인가? 하는 생각이었다.

그러나 거기 서있는 표석엔 「신라진흥왕릉」이라는 이름을 달고 말없이 서 있을 뿐이었다.

세월은 흘러 어느 따뜻한 봄날 다시 찾은 진흥왕릉.

황금빛 이불 하나, 누군가가 세워준 이름 새긴 표석 둘.

정복의 군주가 가진 전부였다. 1,400년의 세월과 함께 묻힌 인생무상?

한반도의 남쪽 끝에서 함경도까지 나라 안을 돌아 살폈다는 그 순수(巡狩)의 호기로움은 어디로 갔을까. 나라와 백성을 사랑하지 않고서는 결코 이룰 수 없었던 그 많은 치적들. 당시엔 꼭 필요했던 사람 진흥왕!

불현 듯 통일을 생각한다. 그 날이 오는 날, 우리 민족은 진흥왕을 생각해 볼까.

"…………………~
푸른 옷에 실려 간 꽃다운 이내 청춘"

봄날의 꽃들이 화려하다. 그 화려함도 순간이고 찰나인가!

1970년대 중반, 불리어졌던 '늙은 군인의 노래'가 능역을 거니는 나의 입에서 나즈막히 흐르는 것은 서기 500년대 중후반의 진흥왕을 생각함일지라. 40대 초반의 나이로 영토확장에 매진한 생을 마친 진흥왕이 이 노래를 듣는다면…….

그런데, 이상타 이상해!

왕릉 곁에 왠 사가(私家)의 무덤이 있나?

옛날(오래 전)에 왔을 때와 왕릉의 주인공이 왜 바뀌었는가?

선도산 아래의 전칭왕릉인 신라진흥왕릉

(진흥왕릉이 헌안왕릉으로 능표석이 달라져 있다)

옛날보다 왕릉의 크기가 더 커진 것도 같고?

진흥왕은 어디에 묻혀있을까?

진흥왕은 어디에 묻혀있을까? 『삼국사기』에는 애공사의 북쪽봉우리[葬于哀公寺北峯]라고 기록하고 있다. 『삼국유사』에는 장지 기록이 없다. 그런데 '애공사'라는 사찰의 위치를 찾을 수가 없는 것이 현실이다.

『삼국사기』에는 애공사 북쪽 봉우리에 또 하나의 왕릉인 법흥왕의 능이 있다는데 그렇다면 애공사의 북쪽봉우리에는 왕릉이 둘이 있어야 하는데 그런 왕릉의 모습은 보이질 않는다. 절도 없고 왕릉도 없고.

신라 멸망 후 500년 고려조를 지난 후 최초의 신라왕릉에 대해 기록했다는 『경상도속친지리지(慶尙道續纂地理誌)』(1469년)에 이어 『신증동국여지승람』(1530년), 『동경잡기』(1669년)에 진흥왕릉은 경주의 서악리에 있다고 오늘날까지 불려지고 있는 구체적인 지역명칭까지 알려주고 있다.

이 중 『경상도속찬지리지(慶尙道續纂地理誌)』 경주부의 「전대능침사우조(前代陵寢祠宇條)」는 조선 전기(前期)에 경주지역에 전해오던 신라왕릉을 직접 찾아 조사한 후 기록하였다는데 이때 서악동의 여러 고분 중 진흥왕릉을 특정했는지, 아닌지에 대해서는 필자로서는 자세히 알 수 없다.

왕조가 바뀌고 왜란을 겪는 등 사회의 질서와 생활의 관습이 변하면서 전승되어 오던 능묘의 보존에도 여러 어려움이 겹쳐졌으리라.

어쨌던 위에서 말한 지리지 등에서는 진흥왕릉은 서악동에 있다는 대강의 위치만 말했을 뿐이지 어느 특정한 묘를 지칭하여 말하지는 않았는 것이 아닐까. 실제 선도산 동록(東麓)에 가보면 수십기의 고분이 널려져 있다. 이 중 어느 고분에 진짜 진흥왕이 묻혀 있을까.

진흥왕릉의 비정과 황씨 문중의 소지(所志, 진정서)

1730년 전(前)과 후(後), 당시의 사회적 분위기에 따랐을까, 이 시기는 경주의 박씨와 김씨 양 문중의 조상 능묘찾기 활동이 활발했던 시기로 보인다. 진흥왕릉의 비정과 관련된 이야기의 일면이 『경주의 조선시대 산책』(조철제 저, 2023)에 정리되어 있다.

책의 내용을 간추려보면

왕릉옆에 있는 사가(私家)묘는 조선시대 사간원 정언을 역임한 황정(黃玎, 1426~1497)의 묘다. 임진왜란 등을 겪으면서 잃어버렸었는데 언제인지는 모르나 묘소 앞에서 묘푯말이 발견되었다고 한다. 이에 황정의 후손들은 선조의 묘를 찾게 되었고 바로 곁의 잡초 속 무덤을 황정의 배위(配位)로 추정, 벌초를 하면서 관리를 하게 되었다고 한다. 당시, 주위에는 여러 고총(古塚)이 있지만 관리하는 사람은 아무도 없이 잡초만 무성했다고 한다.

그러던 중 1730년, 나라에서 왕릉 주위 백 보(步) 이내에는 금장(禁葬)의 명(命)을 내리고 이미 있는 묘는 백 보 밖으로 이장(移葬)하라는 것이었다. 이어서 1745년에는 신라 왕릉을 찾아 봉심(奉審) 즉, 임금의 뜻을 받들어 능소(陵所)를 잘 살피라는 명이 떨어졌다.

아무곳에나 가서 봉심을 할 수 없는 일. 당시 경순왕의 위폐를 모신 동천전(東泉殿)의 전(殿)참봉인 김하렴은 왕명을 받고 내려온 차관(差官, 나라에서 필요에 따라 특수한 임무를 띄고 지방에 파견된 관원)을 맞아 여러곳을 다니면서 왕릉을 새로 비정하는데 앞장섰다고 한다. 김하렴은 차관과 함께 황정의 묘소 앞에 이르러서 묘소 앞에 선 사람 기준, 오른쪽 반 발짝 곁에 있는 묘를 24대 진흥왕릉, 10여보 떨어져 있는 묘를 25대 진지왕릉, 거기서 또 10여보 떨어져 있는 묘를 문성왕릉, 헌안왕릉으로 지정하였다고 한다. 함께 온 차관은 김하렴의 안내에 따라 봉심하였다고 한다.

이렇게 되자 황씨들은 난리가 났다. 어떻게 선조인 황정의 묘를 왕릉 바로 곁에 장사지낼 수 있었겠는가, 무슨 근거로 진흥왕릉으로 지정할 수 있단 말인가. 사서(史書)의 내용과도 맞지 않은 지정이라고 주장하였다.

황씨들의 또 한 가지 주장은 문성왕릉과 헌안왕릉이 있는 공작지에는 김씨들이 많이 살고 있었다. 이곳이 왕릉으로 지정된다면 김씨네 자신들이 사는 가옥이 헐리고 논밭까지 내 놓아야 할 처지가 되었다. 이들은 왕릉을 찾으러 온 김하렴을 공작지가 아닌 탑동(지금의 '서악동삼층석탑' 일대를 말하는 것 같은데 실제 그곳에는 탑동이란 마을이 없다)으로 안내하였다. 김하렴은 이들의 말을 듣고 탑동에 있는 고총을 문성왕릉과 헌안왕릉으로 지정하였다 한다.

이러한 주장을 바탕으로 황씨들은 1745년과 1746년에 1차와 2차, 두 차례의 소지(所志)를 작성하여 관(官)에 올렸고 36년이 지난 1782년에도 경상북도 감영의 무관 영비가 관찰사 대신 와서 4왕릉에 제사를 모시었다는 소식을 접하고 3차, 4차의 소지를 작성하였다고 하는데 그 4종의 소지가 전하고 있다 한다.

4소지의 내용은 김하렴이 지정한 4왕릉은 왕릉일 수가 없다면서 왕릉의 진위를 가려 달라. 만일 왕릉이라 밝혀지면 선조 묘를 옮기겠다고 하였다. 더 나아가 왕릉 지정의 부당성을 강조하면서 4왕릉을 폐기해야 한다고 하면서 자기들은 죄가 없음을 주장하였다. 그러나 자기들의 뜻에 맞는 답을 받지 못한 것으로 보인다.

또 한 가지 진흥왕릉의 위치가 바뀌어졌다는 의문점.

바라보는 사람을 기준, 황정 묘 오른쪽 방향으로 멀어지는 차례로 진흥왕릉, 진지왕릉, 문성왕릉, 헌안왕릉이었던 것이 지금은 먼 쪽에서부터 진흥왕릉으로 시작하여 완전히 반대로 바뀌어버렸다. 조철제의 위책자에 의하면 1996년 까지는 전자의 순이었던 것이 그 후로 반대로 바뀌어졌는데 이유는 알 수 없다면서 어떠한 고증이 있었는지 모르겠다고 한다.

문헌상에 나타난 진흥왕릉의 위치를 정리해 보면 애공사 북봉(삼국사기) → 서악리(신증동국여지승람) → 무열왕릉 위 4기의 고분 중 제1호분(추사 김정희) → 황정 묘 곁(황씨 소지) → 4왕릉 중 황정 묘에서 가장 먼 쪽에 있는 왕릉(현재)이다.

이상 필자의 생각으로 간단히 정리해 보았는데 소지의 내용을 들여다보면 1780년 정도 까지는 공작지가 어디인지 알고 있었다는 것이 아닌가 하는 생각이 든다.

전해지고 있다는 이 소지(所志)를 통해서 진흥왕릉의 비정의 일면을 들여다 볼 수 있을 것 같다.

신라중흥의 군주로 한때 일세를 누비던 진흥왕의 무덤이야기가 분분한 것은 진흥왕의 입장에서는 비극일까 희극일까. 억울할까 감사할까.

여하튼 여러 학설이 분분한데 진실은 현재까지는 오리무중이다.

"나라의 흥망은 하늘에 달려있으니……"

진흥왕이 백제 성왕의 고구려의 협공 제의를 거절하면서 한 말 중 일부이다.

죽어서도 아버지를 모시고 있는 진지왕의 능은 진흥왕릉 아래에 있다.

진지(真智)왕릉은 선도산(仙桃山) 남쪽 기슭 영경사(永敬寺) 북쪽에 있다.

봄기운이 개구리의 겨울잠을 깨우는 경칩(驚蟄)일에 진지왕(신라 제25대, 576년~579년)릉을 찾았다.

경주 서천교를 지나 대경로로 약 1.5km 가서 우회전하면 서악서원에 이른다. 여기에서 서악4길을 따라 약 300m 올라가면 서악동 삼층석탑이 보인다. 삼층석탑 주차장에 주차하고 탑 주변을 둘러보면 아래로는 도봉서원이, 정면과 좌우로는 수많은 왕릉 크기의 이름 없는 무덤들이 있다. 특히 왼편으로 산등성이에 안내판과 함께 여러 기의 왕릉이 보인다. 제일 위쪽이 진흥왕(신라 제24대)릉이고, 그 아래 진지왕릉 그 아래 좌우로 문성왕(신라 제46대)릉, 헌안왕(신라 제47대)릉이다.

진지왕릉은 진흥왕릉 아래에 있다. 『삼국사기』에 진흥왕은 애공사(哀公寺) 북쪽에, 진지왕은 영경사 북쪽에 있다고 하였다. 여기서 애공사 북쪽이나 영경사 북쪽 모두 서악리를 가리킨다고 볼 수 있다. 그 이유는 이름이 확실한 태종무열왕릉이 영경사 북쪽이라 하였는데 실제 서악리이다.

그러면 진흥왕릉과 진지왕릉의 구별은 어떻게 했을까? 능의 이름을 전칭(伝称)한 시기가 조선시대이다. 조선시대 도장(倒葬)의 법식(法式) 즉 일족 중에서 같은 능선에 묘를 쓸 때 뒤에 죽은 사람을 먼저 죽은 사람 위쪽에 쓰지 않는다는 매장법에 의하면 위쪽이 진흥왕릉이고 아래쪽이 진지왕릉이라고 추정하였으리라 짐작된다.

서악동과 효현동 일대의 산중턱과 산록에는 6기의 왕릉이 산재해 있다. 이 중에 제29대 태종무열왕릉만이 정확한 것이고 그 외는 여러 기록들을 참고하여 추정할 뿐이다. 그러나 왕릉이라고 확신하는 것은 무덤의 가장자리나 중간쯤에 자연석의 호석이 있다는 것이다. 무덤 가장자리나 중간쯤에 호석을 심거나 돌로 장식한 것은 다소 예외는 있지만 신라왕의 무덤으로 보아야 한다고 학자들은 주장하고 있다.

발굴조사는 하지 않았으나 내부구조는 굴식돌방무덤[횡혈식석실분(横穴式石室墳)]일 것으로 추정한다.

1730년(영조 6년) 이후 전칭되어 오던 것을 1960년 이후 정부에서 이름 확정 및 사적으로 지정하였다.

중간중간 호석이 보이는 진지왕릉

이 중 진지왕릉이라고 지정한 능은 높이 8m, 지름 40m이며 봉토 자락에서 3m 높이에 경사지게 세워진 자연석이 드문드문 나타나 있다.

태자의 아들인 조카를 제치고 왕이 된 진지왕

진흥왕의 태자인 동륜(銅輪)이 572년(진흥왕 33)에 죽었다. 태자의 아들인 백정(白浄, 26대 진평왕)이 있었는데도 거칠부의 세력에 힘입어 진지왕이 왕위를 계승하였다.

진지왕은 신라 제25대 왕으로 성은 김(金)이며, 이름은 사륜(舍輪) 또는 금륜(金輪)이다.

진흥왕의 둘째 아들로 어머니는 각간 영사(英史)의 딸 사도부인 박씨(思道夫人朴氏)이며, 비(妃)는 지도부인(知道夫人, 知刀夫人)이다. 즉위 즉시 이찬 거칠부를 상대등으로 삼아 국사를 맡겼다. 그러나 재위 4년만에 화백회의에 의해 폐위되고 삼촌의 뒤를 이어 태자의 아들인 백정이 왕위를 계승하였다. 이가 26대 진평왕이다.

『삼국유사』에 의하면 정란(政乱)·황음(荒淫)으로 폐위되었다고 한다. 이는 당시 신라사회가 강력한 왕권을 중심으로 한 전제화가 이루어지지 않았기 때문으로 보인다.

폐위된 지 1개월 후인 579년 8월 24일 사망하여 영경사 북쪽에 장사지냈다.

진지왕의 국방과 외교정책

577년(진지왕 2)에 서쪽 변경의 주군(州郡)으로, 침입해 온 백제군을 이찬(伊飡) 세종(世宗)으로 하여금 지금의 구미지역으로 추정되는 일선군(一善郡) 북쪽에서 격파해 3,700여 명을 참획하는 전과를 올리고, 내리서성[(內利西城), 지금의 충청북도 영동군 이산면 일대에 있었던 것으로 추정]을 축조해 백제의 공격에 대비하기도 하였다.

그러나 내리서성으로 통하는 길은 2년 뒤에 백제가 현재 보은군 보은읍 노티리에서 내북면 상궁리를 연결하는 노티고개로 비정되는 웅현성[(熊峴城)과 현재 추풍령 일대로 추정하는 학자들도 있으나 정확한 위치를 알 수 없는 송술성(松述城)을 쌓음으로써 막히고 말았다.

578년 백제의 알야산성(閼也山城)을 쳐서 함락시켰다. 알야산성은 전라북도 익산 지역의 옛 이름으로 1400년(정종 2)에 여산(礪山)이라고 하였다. 이곳에는 둘레가 3,900척에 우물이 두 개인 산성으로 이는 소백산맥 서쪽에 있어 백제를 방어하는 중요한 산성으로 조선시대까지 존속하였다.

그 외 국방에 대한 특별한 정책은 기록을 찾기 힘든 것으로 보아 짧은 재위기간 동안 치적을 쌓기는 힘들었던 것으로 보인다.

진지왕의 외교정책은 578년 중국남조(南朝)의 진(陳)나라에 사신을 파견, 진흥왕에 이어 외교 관계를 유지하였다.

진지왕에 대해 전해오는 야사들

『삼국유사』에 의하면, 즉위한 지 4년째 되던 해에 정사가 어지럽고 문란하여 화백회의를 통해 그를 폐위하였다.

폐위되기 직전 진지왕은 도화녀(桃花女)를 후궁으로 삼으려 하였으나, 도화녀가 남편이 있다는 이유로 거절당하였다. 2년 뒤 도화녀의 남편이 죽자, 진지왕의 혼령이 도화녀에게 나타나 둘이 관계를 맺었고, 비형을 낳았으며, 비형은 어릴 때부터 총명하였을 뿐만 아니라 밤마다 밖으로 나가 귀신들을 데리고 놀았으며 귀신을 다스리는 신통력이 있었다.

진평왕 대에 관리로 등용되어 귀신들을 동원하여 하룻밤 사이에 돌을 다듬어서 신원사(神元寺) 북쪽 개천에 다리를 놓기도 하였다. 때문에 그 다리를 귀신다리라 불렀다고 한다.

또 길달(吉達)이라는 귀신을 인간 세상에 나타나게 하여 집사(執事) 벼슬을 주어 정사를 돕게도 하였으며, 길달은 충성스럽고 정직하여 그를 짝할만한 사람이 없었다고 『삼국유사』는 전한다.

『필사본 화랑세기』에는 미실을 왕후로 만드는 약속을 지키지 않은 것과 국사를 제대로 돌보지 못하였던 것 때문에 미실과 사도태후가 결의하여, 노리부를 앞세워 폐위시켰다고 하는 내용을 찾아볼 수 있다.

이와 같은 내용들을 종합해 보면 진흥왕 훙서 후에 확고한 왕권이 성립되지 않았으며 신라 귀족들의 권위가 막강하였음을 엿볼 수 있는 내용들이다.

보문마을 입구에 진평왕릉이 있다

보문 마을에 접어들면 오른쪽 숲속에 커다란 봉분이 보인다. 진평왕릉이다. 이 왕릉이 진평왕릉으로 알려지게 된 것은 『삼국사기』에 "한지(漢只)에 장사 지냈다."라는 기록에 근거를 두고 있다. 그러면 '한지'가 어떻게 이 지역으로 알려지게 되었을까?

『삼국유사』「기이」편 '신라시조혁거세' 조에 "금산(金山) 가리촌(加里村) 촌장은 지타(祗沱)이다. 처음에 명활산으로 내려오니, 한기부(漢歧部)[또는 韓岐部] 배씨의 조상이 되었다."라는 기록을 근거로 명활산 아래 즉 오늘의 보문리 일대가 한기부라는 것이다. 또 『삼국사기』「열전」'효녀지은' 조에 "효녀 지은은 한기부(漢岐部)의 백성인 연권의 딸이었다."고 하였다. 이 이야기가 『삼국유사』「효선」조 '빈녀양모' 조에도 나오는데 그녀의 집이 분황사 동쪽 마을이라고 하였다 그렇다면 바로 지금의 보문마을이다.

그리고 『동경잡기』에 의하면 "한지수(閑地藪)가 부의 동쪽 8리에 있으니 곧 '한지원(閑地原)'이다. 예전에 숲이었다가 중간에 없어졌다." 이 내용에서 부의 동쪽 8리라면 지금의 보문이다.

따라서 한지(漢只), 한기(漢岐), 한기(韓岐), 한기(漢歧), 한지(閑地) 등 한자 표기에 다소의 차이는 있으나 현재의 보문지역임이 분명하다.

따라서 필자는 현 보문마을 입구에 있는 능의 피장자가 진평왕임이 거의 확실할 것으로 본다.

인디언 부족의 속담 중에 이런 것이 있다.

'네가 태어났을 때 너는 울었지만 세상은 기뻐했다. 그리고 네가 죽었을 때 세상은 울었지만 너는 웃을 수 있는 그런 삶을 살아야 한다!'

왕은 살아생전 상제로부터 천사옥대를 받기도 했으나 아들이 없어 딸에게 왕위를 물려줄 수밖에 없었다.

지금 무덤 속에서 진평왕은 울고 있을까, 웃고 있을까?

상제(上帝)로부터 천사옥대(天賜玉帶)를 받은 진평왕

인도신화에서 세계를 아우르는 가장 이상적인 왕을 전륜성왕이라고 한다. 무력에 의하지 않고 정법에 의해 세계를 정복·지배한다는 이 왕에는 금륜, 은륜, 동륜, 철륜이 있다. 진평왕의 조부인 24대 진흥왕은 자신을 전륜성왕이라 생각하고 두 아들의 이름을 각각 동륜(銅輪), 사륜(舍輪)이라 하였다. 사륜을 금륜(金輪)이라고도 한다고 하였는데 동륜의 아우가 금륜이라는 것이 이상하다. 하지만 사륜의 '사'는 쇠 즉 철이고, 금(金)은 황금이 아니고 훈(訓)인 '쇠'를 의미하는 것으로 보아야 할 것이다. 진흥왕의 태자가 동륜이라면 동륜의 아우가 되는 진지왕은 철륜이 되어야 마땅하기 때문이다.

동륜은 진흥왕 26년 태자로 책봉되었다가 진흥왕 33년에 사망하였다.

『화랑세기』에서는 진흥왕의 후궁인 보명궁주(宝明宮主)를 동륜이 연모하여 보명궁의 담장을 넘다가 개에 물려 죽었다고 하였다. 오늘날의 윤리 기준에서는 이해가 되지 않는다. 진흥왕의 사후 동륜이 일찍 죽었기 때문에 둘째 아들인 사륜 즉 진지왕이 왕위에 올랐다. 4년 후 진지왕이 죽으니 왕의 조카이자 동륜의 아들인 진평왕이 579년 왕위를 이어받았다.

진평왕은 신라 26대 왕으로 54년(579-632) 동안이나 왕위에 있었다. 시조 박혁거세 이후 신라에서 가장 오래 왕위에 있었다.

진평왕의 휘(諱)는 백정(伯淨)인데 이는 석가모니의 아버지인 '슈도다나'를 한자로 번역한 이름이다(정반왕이라고도 한다). 왕비는 마야왕비로 그 이름이 석가모니 어머니와 같다. 또 동생은 백반과 국반인데 이는 석가모니의 숙부 이름과 같고, 왕의 딸로 후에 선덕여왕이 되는 덕만(德曼)도, 불교의 경전에 있는 이름이다. 왕명인 선덕도 불경에 여러 명 나오는데 그 중 대방등무상경(大方等無想經)에 나오는 선덕바라문에서 따 왔을 가능성이 높다고 한다.

또 다른 딸인 천명부인은 진지왕의 아들인 이찬 김용춘과 결혼해 제29대 무열왕을 낳고, 셋째 딸인 선화공주는 역사적 사실로 받아들이기에는 문제가 있지만, 백제의 30대 무왕과 결혼하였다는 기록이 『삼국유사』「기이」편 '무왕' 조에 나온다.

진평왕은 태어나면서부터 얼굴이 기이하고 신장이 11척으로 몸이 장대하였으며, 내제석궁(內帝釋宮)에 거동하여 섬돌을 밟자 두 개가 한꺼번에 부러졌을 정도로 괴력을 가졌었다. 또 의지가 깊고 식견이 명철하였으며, 『삼국사기』「열전」에 의하면 김후직이 죽으면서 남긴 유언을 듣고 좋아하던 사냥을 그만둘 정도로 신하들의 말을 경청하는 선군이었다.

즉위 후 관제를 정비하는데, 『삼국사기』에 의하면 진평왕 3년(581) 위화부(位和府)를 설치하고 동왕(同王) 7년 삼궁[三宮: 대궁(大宮)·양궁(梁宮)·사량궁(沙梁宮)]에 사신(私臣)을 두었다. 또 43년(621)에는 왜전(倭典)을 고쳐서 영객전(領客典)으로 하였으며 다음 해(622)에는 내성사신(內省私臣)을 설치하였다. 또 남산성을 쌓았고 명활산성을 개축하는 등 수도 방위에 힘썼다.

그 밖에 왕은 원광·담육 등 승려를 중국에 보내 수도하게 하는 등 불교 진흥에 힘썼으며 대외적으로는 고구려의 침공에 대항하는 한편 수나라와 수교하였고, 수나라가 망하자 이어 당나라와 수교하였다.

『삼국유사』에 따르면 진평왕 즉위 원년에 선녀가 궁전 뜰에 내려와 왕에게 상제(上帝)의 하사품이라며 천사옥대를 주었다. 이 옥대의 길이는 10위(圍)에 마디가 62개였다고 하며, 진평왕은 천지신령 혹은 종묘에 제사를 지낼 때 항상 이 옥대를 착용하였다고 한다. 이 옥대는 '성제대(聖帝帶)'라 하여, 황룡사 9층목탑, 황룡사 장륙삼존불상과 함께 신라 3보로 여겨졌다.

보문마을 입구에 진평왕릉이 있다.

진평왕릉은 경주 어디서나 볼 수 있는 평범한 원형 봉토분이다.

진평왕릉은 사적으로 지정되어 있는데 동쪽에 명활산성, 남쪽에 보문사터가 있으며, 남서쪽에는 낭산, 서쪽으로는 황복사지, 황룡사지가 한눈에 들어오는 위치에 있다. 특히 얼마 떨어지지 않은 낭산에는 딸인 선덕여왕릉이 있다.

무덤의 외부 모습은 흙으로 덮은 둥근 봉토분으로서 직경은 40.0m, 봉분의 높이는 8.4m이다. 묘제는 횡혈식석실분으로 추정된다. 무덤 밑둘레에는 자연석을 사용하여 호석을 두른 것으로 여겨지나 지금은 몇 개만이 보인다. 왕릉 주위에는 소나무로 숲을 이루고 있는 다른 고분과는 달리 느티나무, 소나무, 왕버들, 백양나무 등 다양한 수종이 숲을 이루고 있어 최근에는 가족들의 나들이 장소로 찾는 사람이 많다.

현 왕릉은 조선 영조 6년에 이르러 『삼국사기』 「신라본기」에 장지로 기록된 육부의 '한지(漢只)'와 조선 시대 낭산 북동 주변 들판의 당시 지명이 '한지원(閑地原)'으로 발음이 같음에 주목하여 김씨 일족이 지정하였다. 능 앞에는 최근 조선 왕릉의 혼유석을 모방한 형태의 상석과 의자형의 혼유석을 설치하였다. 하지만 학계에서는 서남쪽 논 가운데 있는 석재를 당시의 상석으로 추정하기도 한다.

이근직 교수 등 학계 일부에서는 이 고분이 진평왕릉이 아니고 신문왕릉이라고 주장하기도 한다.

수많은 이야기가 전해오고 있는 선덕여왕

다음은 2009년도 방영되었던 국민드라마 『선덕여왕』에서 뒷날 선덕여왕으로 등극하는 덕만이 말한 명대사 중 하나.

> "백성들의 말을 들을 시간이 없는 자는 황제가 될 시간도 없다고 했습니다. 저는 백성을 살필 마음이 없는 분은 군주가 될 마음도 없는 것이라 생각합니다."

비록 드라마이긴 하지만 이와 같은 명대사를 통하여 신라의 왕을 꿈꾼 덕만, 그 꿈을 이룬 선덕여왕, 이제 그 능을 찾아가 보기로 하자.

소나무 숲 사이 아늑하게 안긴 선덕여왕릉

경주시내에서 울산 방향의 국도를 따라가다 보면 월지(안압지)와 신라의 궁성터였던 월성(반월성)을 양 옆으로 지나게 된다. 조금 더 가면 오른쪽으로 국립경주박물관을 지나게 되고 곧 이어 배반네거리가 나타난다. 여기서부터 가던 길로 계속 1㎞정도를 가면서 왼쪽으로 가까이 보이는 산이 바로 선덕여왕이 잠든 낭산이다.

선덕여왕릉 주차장은 신문왕릉 주차장에서 유턴하여 300m정도 가던 길을 되돌아 와 오른쪽으로 꺾어 들어가면 있는데 15대 정도 주차할 수 있다.

차를 주차하고 옛 철길을 지나가고 있는데 어떤 촌노가 길가 도랑에서 다슬기를 줍고, 반두로 물고기를 잡고 있는걸 보니 선덕여왕 때 지어진 분황사(芬皇寺)의 이름, 즉 '향기 나는 여왕의 절'을 닮아서 인가 '여왕이 묻힌 이곳을 흐르는 물도 향기를 품어서인가? 아주 맑고 깨끗하구나!' 하는 생각이 든다.

선덕여왕릉으로 향해 가는 오른쪽은 보문들로 누렇게 변해가는 황금들판의 모습이 올해도 풍년이란 걸 알려주고 있으며, 들판 너머 저 멀리에는 여왕의 아버지가 묻힌 진평왕릉의 모습이 아련히 보여 두 왕, 부녀간의 애틋한 마음이 가슴에 닿는다.

선덕여왕릉으로 가는 작은 이정표를 보고 바로 왼쪽으로 방향을 틀면 낭산으로 오르는 초입에 들어선다. 조금 더 올라가면 오른쪽의 길 가장자리로 소나무들이 늘어서기 시작하는데 자세히 보면 좀 특이한(?) 소나무를 볼 수 있다. 1m 정도의 간격을 두고 자란 큰 소나무가 가로로 뻗은 뿌리가 하나로 연결되어 있는 모습을 볼 수 있다. 이것은 마치 미래의 신라를 위해 요긴하게 쓸 요량으로 신라 왕족인 김춘추와 가야계 출신의 김유신을 한 인척으로 묶어(춘추의 사랑을 이어준 덕만의 이야기) 서로 협력관계로 발전시켜야겠다는 선덕여왕(덕만)의 상생상존(相生相存)의 지혜를 발휘한 모습을 보는 것 같다. 김춘추 가문과 김유신 가문의 결합은 바로 문(文)과 무(武)의 결합이요, 외교와 국방의 결합으로 국가발전의 기회를 만든 선덕여왕의 연출가적인 솜씨라 할 수 있다.

1400년 전 먼 시대의 그때 이야기를 들을 생각을 하며 여왕님을 만나러 가는 길, 그것은 바로 수미산의 정상인 도리천으로 가는 길이기도 하다. 세월이 좋아진 탓인가, 여왕님 찾아가는 길의 일부분엔 현대식 나무데크가 깔려 있다.

능으로 오르는 길 양옆으로 우거진 소나무에서 나는 솔향기는 그 옛날 실성니사금 때(413년) 낭산에 구름이 일어 향기를 풍겼다는 그 향기일까. 아름다운 향기에 신선이 노니는 숲길을 지나온 기분이다.

나무데크 길을 벗어나 200여 미터 정도 오르니 드디어 능이 보이고 그 주변의 소나무들은 모두 여왕을 향해 하문(下問)을 기다리는 모습 같기도 하고 어전회의에 참석한 대신들의 모습 같기도 하다. 저 소나무들은 알까, 여왕이 꿈꿨던 신라와 그 꿈을 이루기 위해 했던 고민들을.

수수한 모습의 선덕여왕릉

여왕릉은 원형봉토분인데 봉분의 둘레가 대략 74m 정도라고 하는 그냥 수수하고 검소한 모습을 하고 있다. 그런데 여느 다른 왕릉들과 겉보기에 있어 다른 점은 봉분 둘레 자락에는 다듬지 않은 사람 머리 크기 정도의 자연석으로 2~3단, 높이 약 70㎝ 정도로 쌓아져 있는 것이다. 호석이라고 하는 이 돌들은 원래는 흙 속에 묻혀 있었다고 하는데 1949년에 보수를 하면서 흙을 걷어내고 호석을 노출시킨 채 다시 쌓았다고 한다.

이 선덕여왕릉은 위치가 불분명해 전칭(傳稱)왕릉으로 불리는 능이 아닌 실재의 왕릉으로 「선덕여왕릉」으로 부른다. 왜냐하면 이 왕릉의 위치는 『삼국사기』나 『삼국유사』를 비롯한 각종 사서(史書)에 정확히 기록되어 있기 때문이다.

현재, 왕릉 앞에는 혼유석 형태의 상석과 향로석, 축판석 등이 있는데 근래에 설치한 것으로 보인다.

'덕만'과 '선덕'이란 이름은 어디서 왔는가?

법흥왕 이후 신라의 왕실은 왕실의 권위를 높이고 왕권을 강화하기 위하여 일종의 '진종설' 의식에 사로잡힌다. 진종설이란 '진짜 석가모니와 같은 종족'을 의미한다. 즉, 왕실의 가족은 석가모니 가족과 같고 왕이 곧 부처라는 것이다. 그래서 왕실은 가족의 이름을 지을 때 석가모니 가족과 똑같은 이름을 지었다. 동륜, 사륜[철륜], 그리고 백정, 마야부인, 백반, 국반 등이 그 이름이다. 왕의 이름도 진흥왕, 진지왕, 진평왕, 진덕왕 등 '진(眞)'이라는 글자를 넣어 진짜를 강조한 것으로 보인다.

그렇다면 덕만(德曼)과 선덕(善德)이란 이름은 어디서 온 것일까?

석가모니 부처의 열반(죽음)에 대해 기록한 경전인 『열반경』에 의하면 부처님의 열반에 참여한 사람으로 '덕만우바이'[2]와 '선덕우바새'[3]가 나온다. 덕만우바이는 중생들을 깨우치기 위해 일부러 여자로 태어났다는 보살의 이름으로 '공덕이 있는 여자'로 풀이하기도 하는데 진평왕은 덕만우바이와 같은 훌륭한 여인이 되기를 바라면서 '덕만'으로 맏딸의 이름을 짓지 않았을까.

한편 선덕이란 이름은 석가모니가 전륜성왕이 될 것이라고 말한 '선덕바라문'[4]에서 따 왔다는 설과 부처님의 열반에 참여한 '선덕우바새'에서 따 왔다는 설 등이 있으나 어쨌든 선덕이란 이름도 불교경전에서 따 온 이름이다.

이러한 이야기들을 보면 결국 적어도 이때의 왕실은 백성들로부터 경외심을 일으킴과 동시에 왕권 강화를 목적으로 하고 있었음을 추측할 수 있다.

『삼국사기』에는 '선덕'이란, 왕이 죽은 후에 올린 이름이라 하고 『구당서(舊唐書)』[5]에는 왕이 살았을 때의 이름으로 나오는데 언제부터 이 이름이 쓰였는지는 확실하지가 않다.

---

2 우바이: 여자 불교 신도
3 우바새: 남자 불교 신도
4 『대방등무상경(大方等無想經)』에 의하면, 선덕바라문은 석가모니에 의해 전륜성왕이 되리라는 예언을 받은 것으로 되어 있다.
5 당(唐)의 건국(618)에서 멸망(907)에 이르는 역사를 기록한 중국의 역사서.

수미산 정상인 도리천에 잠든 선덕여왕

우리가 잘 아는 『삼국유사』에 나오는 선덕여왕의 '지기삼사(知機三事)' 중 하나.

왕은 병석에 있지도 않았는데 "나는 아무 해 아무 날에 죽을 것이다. 그때 나를 도리천(忉利天)에 묻어다오."라고 하는 이야기. 신하들이 도리천이 어디인지 몰라 그곳이 어디인지 물으니 "낭산(狼山) 남쪽이니라" 하였다고 한다. 그래서 뒷날 왕이 죽었을 때 오늘날에도 낭산인 지금의 자리에 묻혀 선덕여왕릉이 되었다.

선덕여왕의 죽음과 관련된 단어로 등장하는 것이 '수미산(須彌山)'과 '도리천(忉利天)'이다. 그러면 이런 단어들은 대체 무엇을 말하고 있는 것일까?

불교에서의 우주관, 세계관, 인생관은 생멸(生滅)이 되풀이 되는 윤회(輪廻)사상을 가지고 있다. 중생[6]은 업[7]에 따라 윤회한다고 하는데 여기에는 여섯 길이 있다고 한다.

그것은 맨 밑바닥인 지옥에서부터 위로 아귀, 축생, 아수라, 인간, 천(天)[8]으로 나아간다. 이 천(天. 하늘나라)은 다시 28개의 천(하늘나라)으로 나뉘는데 인간 바로 위의 천, 즉 제1천은 사천왕천(사천왕이 다스림), 제2천은 도리천(제석천을 포함 33천의 신이 있음), 제3천은 야마천(염라대왕이 다스림), 제4천은 도솔천(미륵보살이 머물고 있음), 이와

---

6 윤회하여 살아가는 모든 무리
7 몸과 입과 뜻이 짓는 모든 행위. 모든 일이 이 업으로 이루어 짐.
8 불교에서 말하는 천(天)이란 신 또는 신들이 사는 하늘나라를 말하는데 여기의 신들은 대부분 佛法을 지키는 수호신이라 한다.

같이 하여 위로 28천까지 층층이 쌓여있으며 이 28천을 넘으면 붓다의 세계이다.

그리고 불교의 우주관에서 세계의 중심에 있다고 하는 수미산은 지옥을 바탕으로 하여 제2천인 도리천까지 솟아 있는 상상의 산이다. 수미산의 정상인 도리천은 네모반듯하다고 하는데 석가모니의 어머니인 마야부인이 죽은 뒤에 다시 태어난 곳이라고 한다.

이렇게 보면 선덕여왕은 수미산의 정상인 지상에서 가장 높은 신들의 세계인 도리천에 묻혀있는 셈이 된다. 아마, 지금쯤 선덕여왕은 자기 어머니의 이름과 같은 마야부인의 품에 안겨 애틋한 정을 나누고 있을지 그 누가 아랴!

원효(元曉)를 짝사랑한 진덕여왕(眞德女王)

진덕여왕릉에도 십이지신상이 있다

황성동에서 금장다리를 건너 영천 방향 국도로 조금만 가면 왼쪽에 현곡면 복지회관이 있다.

회관 맞은편 길가에 '신라진덕여왕릉' 이라고 적힌 이정표가 있는데 왕릉까지의 거리는 표시되어있지 않다.

왕릉은 크지는 않지만 신라의 능묘 중에서 12지신상이 조각된 호석(護石)이 있는 8기의 능 중에 하나다. 이 능은 신도(神道)[9]에 배치된

능으로 가는 소나무 숲길이 정겹다

9 무덤으로 가는 길

비교적 주변이 잘 정비된 느낌이다

인물상과 석사자, 석상이 있었으나 지금은 다 없어졌다.

전체적으로 흙을 덮은 둥근 원형의 봉토분이며 봉분의 흙이 흘러내리지 않게 면석으로 봉분 아랫부분을 두르고, 기둥석을 박은 위에 갑석으로 눌렀다. 면석 사이사이에 갑옷을 입고 무기를 움켜잡은 12지신상을 양각으로 새긴 탱석을 끼워 넣었다.

신라의 정치제도 개혁은 선대보다 진덕여왕의 재위시절 더 많이 이뤄졌다.

물론 이런 변화는 진덕여왕이 아니라 김춘추와 김유신의 주도로 이루어진 것으로 보는 게 맞을 것이다.

상대적으로 실권이 없었기 때문인지, 선덕과 진성과는 달리 신라의 세 여왕 중에서 존재감이 제일 약하다.

똑같이 여왕인데다 정치적인 평가와는 별개로 최초의 여왕이라는 이미지로 큰 존재감을 가진 직전 왕 선덕여왕과 역덕후가 아닌 사람들조차도 모르는 사람이 없을 정도로 강력한 인지도와 존재감을 남긴 다음 왕 태종 무열왕에 끼어 왠지 징검다리 느낌이 강하다.

애초에 옆에 있는 실세인 신하들까지 김춘추와 김유신이라는 유명한

능 뒤편에는 석재들이 여왕의 운명처럼 뒹굴고 있다

인물들이기에 말이다.

선덕왕 16년(서기 647) 봄 정월, 비담과 염종(廉宗) 등이 "여왕은 나라를 잘 다스릴 수 없다(女主不能善理)"고 하며 반역을 꾀하여 병사를 일으켰으나 승리하지 못하였다.

8월, 임금이 돌아가셨다. 시호를 선덕(善德)이라 하고 낭산(狼山)에 장사 지냈다.

선덕왕의 최후, 결정적인 것은 비담과 염종의 난이었다.

이 역모를 진압하는 데는 성공했으나, 선덕왕은 큰 충격을 받았는지 오래가지 못하고 후계를 이을 자녀 없이 승하하고 말았다. 당장, 후계 문제가 신라 왕실에 있어 가장 큰 문제로 떠오르게 되었고 진덕왕(眞德王)이 왕위에 올랐다.

이름은 승만(勝曼)이다. 진평왕(眞平王)의 친동생인 국반(國飯) 갈문왕의 딸이다. 어머니는 박씨(朴氏) 월명부인(月明夫人)이다.

승만은 생김새가 넉넉하고 아름다웠으며, 키가 일곱 자였고 손을 내려뜨리면 무릎 아래까지 닿았다고 한다.

647년 진덕왕의 왕위 계승에 대해 『삼국사기』 신라본기 진덕왕

기사의 첫머리 내용이다.

앞의 선덕왕이 여왕이라 여러 고초를 겪었음에도 또다시 여인의 몸으로 임금이 될 수 있었던 것은, 바로 그녀가 유일하게 남은 성골(聖骨)이라는 것이었다.

사랑에 빠진 진덕여왕

진덕여왕은 미모가 특출하게 빼어나 많은 사람들에게 흠모의 대상이 되기도 했다. 죽지랑, 원효, 김유신, 자장, 의상 등의 걸출한 인물들도 알게 모르게 연인으로 입방아에 오르내렸다. 특히 6부 대신의 위치에 있던 죽지랑의 아버지 술종공과 자장의 아버지 무림공은 세력의 강화를 위해 은근히 며느리로 삼으려는 욕심을 드러내기도 했다. 죽지랑은 문무를 겸비하여 진덕여왕이 중용하기도 했다.

자장은 일찍이 중국으로 유학의 길에 올라 불교에 심취해 속세와의 인연을 멀리하여 진덕여왕과의 인간적인 관계에는 경계를 두었다.

존재감은 없었지만 삼국통일의 기반을 닦은 진덕여왕

백제와의 전투에서 유신과 함께 혁혁한 공을 세운 화랑 원효의 기상과 사상적으로 무장한 거침없는 달변에 진덕여왕은 흠모의 마음을 키웠다. 특히 원효의 훤칠한 외모와 늠름한 기상을 대한 여성들은 진덕여왕처럼 단번에 빠져들기 마련이었다. 한창 꿈을 키우며 나라의 동량으로 성장하던 원효는 어머니의 죽음으로 일대 전환점을 맞았다. 어머니의 죽음은, 사춘기이기도 했던 원효로 하여금 삶과 죽음에 대한 깊은 고뇌에 빠지게 했고, 끝내 불도의 길을 걷게 했다.

진덕여왕은 삼년상을 마친 원효를 궁으로 불러들여 자신이 품고 있던 흠모의 정을 노골적으로 털어 놓고, 동반자의 길을 가자고 제안했다. 그러나 원효는 이미 불자의 길을 가기로 마음을 정한 다음이라 진덕여왕의 마음을 받아들일 수 없다며 구도의 길을 떠났다.

진덕여왕은 나라의 일은 상대등 알천공을 비롯한 대신들에게 맡기고 인간적인 깊은 고뇌의 바다에 빠져들었다. 끝내 사랑을 얻지 못한 여왕은 쓸쓸하게 고독한 최후를 맞았다. 이를 옆에서 지켜본 김춘추의 딸 요석은 원효를 향한 마음의 불씨를 지피기 시작했다.

신라왕릉 중 피장자가 가장 확실한 태종무열왕릉

묘호는 왕이 승하한 다음 그 공덕을 칭송하여 붙인 호칭으로 신라 56왕 중 묘호가 있는 왕은 태종이 유일하다.

『삼국사기』「신라본기」에 의하면 신문왕 12년(692)에 당나라 중종이 사신을 보내 무열왕의 묘호를 태종이라고 한 것에 대해 항의를 하였다. 하지만 당시 신문왕이 의연하게 대처하여 이를 모면하였다.

태종무열왕릉은 진짜이다.

신라 역대 왕은 모두 56분이시다. 그중에서 경기도 연천에 묻힌 경순왕을 제외한 55분의 왕과 왕비의 능은 경주지역에 조영되었을 것이다. 현재 경주지역에는 36왕의 능과 박혁거세거서간의 왕비인 알령부인의 능이 확인되었거나 추정되고 있는데, 19왕의 능은 알려지지 않고 있다.

그런데 조선 전기까지 전승되어 온 신라 왕릉은 11기에 불과했다. 조선 후기에 접어들어 사회적 변화인 족보의 간행과 이에 따른 조상 숭배 사상의 확대로 능묘를 중요시하는 현상이 나타나면서 상황이

신라왕릉 중 피장자가 가장 확실한 태종무열왕릉

달라지기 시작했다.

1730년 경주부윤인 김시형이 박씨 문중과 김씨 문중사람들을 불러 모아 당시 명확히 알려지지 않은 능의 주인을 정하자며 타협을 했는데 그 결과 남산의 동쪽은 김씨 왕릉으로 하고 서쪽은 박씨 왕릉으로 결정을 했다는 것이다. 그리하여 이때 17기의 주인공이 새로 정해지게 되었다. 그 이후 8기가 추가 되어 오늘에 이르고 있다. 그러나 대부분의 왕릉은 기록상의 위치나 시대적인 능의 형식과 차이가 있어 그 진위가 의문시 되고 있다.

그중에서 능비가 있는 이곳 무열왕릉과 비편이 출토된 제42대 흥덕왕릉은 무덤의 주인이 확실하다. 이 외에 기록상의 위치와 시대적인 형식에 맞아 학계에서 공통적으로 인정되고 있는 왕릉은 선덕여왕릉, 문무왕릉, 성덕왕릉, 원성왕릉, 헌덕왕릉 등 5기이다. 이 7기의 왕릉을 제외한 나머지 왕릉에 대해서는 학계에서 인정을 하지 않고 있다.

태종무열왕릉은 해발 380m인 선도산에서 남동쪽으로 뻗어 나온 능선의 동쪽 경사진 면에 일렬로 나란히 배치된 5기의 대형분 가운데 가장 아래쪽에 있다. 능 앞으로는 서악들이 펼쳐져 있고 그 너머로 서천이 흐르고 있어 풍수상으로는 배산임수지형이다.

능의 규모는 높이 약 13m, 둘레는 약 112m이고, 구조는 횡혈식 석실분으로 추정하고 있다. 봉분 아랫부분에는 봉분이 무너지는 것을 막기 위해 자연석으로 된 호석을 둘렀다. 일반적으로 통일신라시대 능묘에는 잘 다듬은 돌로 호석을 돌리고 여기에 십이지상를 배치하고 돌로 난간을 돌리고 있다.

태종무열왕릉의 호석 구조는 자연석으로 된 호석을 몇 단 안으로 들여쌓은 후 높이 약 1m, 너비 약 0.4m 정도의 괴석을 기대어 놓은 것으로 보인다. 현재 이 능에서 호석의 받침석이 군데군데 확인되는데, 봉분 자락 위로 노출된 것은 10여 개 정도이다. 고 이근직 교수는 그의 저서 『신라왕릉 연구』에서 노출된 받침석 가운데 최소거리가 0.8m 내외이고 받침석의 너비가 약 0.4m, 봉분 둘레가 약 112m인 점을 감안하여 90여 개가 설치되어 있을 것으로 추정하였다. 신라왕릉에서 이와 같이 호석 외부에 받침석이 설치된 것은 태종무열왕 이후에 조성되었을 것으로 보고 있다.

왕릉 앞에는 화강암재 장대석 8매로 배례석을 마련하고 있다. 전체 크기가 장축 304cm, 폭 214cm, 두께 35cm이나 조립 형태와 장대석 모양으로 보아 학계에서는 당대의 것이 아닌 것으로 보고 있다.

태종무열왕릉 안으로 들어서서 비각을 지나 왼쪽으로 꺾어 배례석이 정면으로 보이는 지점에 서로 다른 종류의 나무 두 그루가 한데 붙어 있는 연리목이 있다.

왼쪽이 팽나무이고 오른쪽은 말채나무이다. 뿌리가 서로 다른 나무의

줄기가 이어져 한 나무로 자라는 현상을 연리목이라고 하는데 대체로 같은 종류의 나무끼리 붙어있고 이와 같이 서로 다른 종의 나무가 연리목을 형성하는 경우는 드문 편이다.

나무껍질의 색깔이 밝고 표면이 매끄러운 나무가 팽나무이고 이에 비해 껍질이 검고 거친 나무가 말채나무이다. 말채나무는 봄이 되어 한창 물이 오를 때 새로 나오는 가느다란 가지가 말채찍으로 쓰기에 적당하다고 해서 붙여진 이름이고, 팽나무는 대나무로 만든 딱총에 둥글고 단단한 이 나무 열매를 넣고 쏘면 팽 소리가 난다고 해서 팽나무라고 한다. 필자가 어릴 때는 팽나무를 포고나무라고 했다.

이 두 나무는 밑동으로부터 약 60cm가량 붙어 있는데 그 위로는 각각 분리된 개체로 자라고 있다. 이 무덤의 주인공인 진골 출신의 김춘추와 가야 왕손인 문희에 얽힌 설화를 일깨워주고 있는 듯하다.

능비는 통일 초기의 이상화된 사실주의 양식의 대표작이다.

태종무열왕릉 앞 비각 안에는 비신은 없어지고 귀부와 이수만 남아 있는 태종무열왕릉비가 있는데, 국보로 지정되어 있다. 이 비는 무열왕이 661년에 서거했으므로, 이로부터 멀지 않은 시기에 건립되었을 것으로 추정된다.

이와 같은 능비가 이전의 신라왕릉에는 보이지 않던 것으로 이는 왕릉의 축조 및 능묘 배치에 처음으로 당의 제도가 도입된 것을 의미한다. 이후 30대 문무왕, 33대 성덕왕, 42대 흥덕왕에서 능비가 확인되고 있다.

당시 당나라 작품을 능가하는 것으로 평가하는 귀부

『신증동국여지승람』 「경주부」편 '능묘'조에 이 비와 관련하여 조위(曺偉, 1454-1503)의 시가 기록되어 있다.

"길가의 촌락 사이에 파란 보리는 이미 빼어났네. 우뚝 솟은 두어 길 산봉우리 둥그스름 엎드린 짐승 같구나. 끊어진 비석이 거친 풀 속에 누웠는데 높이 쳐든 귀부(龜趺)가 보이네. … 이것이 무열왕릉 … 비문을 어루만지며 읽노라니 이지러진 글자 많아 알아보기 어렵구나. …"

이 시의 내용으로 미루어 당시에 풀 속에 넘어진 비석이 존재하였으나 마모된 글자가 많아 그 내용을 해독하기가 어려웠던 것으로 추정된다.

화강암으로 만든 귀부는 머리가 서남쪽을 향하고 있는데 길이 약 3.33m, 폭 2.54m이다. 귀부는 장방형의 받침석 위에 얹혀 있다. 목을 높이 쳐들고 발을 기운차게 뻗고 있어 앞으로 나아가고 있는 모습이다. 과감한 기상을 보여주면서도 표정은 엄격하지 않고 오히려 편안해 보인다. 비좌(碑座)는 연꽃으로 이루어져 있고 귀갑은 4중의 육각형 귀갑문이 새겨져 있다.

거북이의 앞발가락이 다섯이고 뒷발가락은 넷인데, 이는 거북이가 힘차게 나갈 때 뒷발의 엄지발가락이 안으로 밀려들어간 것을 표현한 것이다. 또 거북이가 힘을 줄 때 턱밑이 붉어지는 것을 보여주기 위해 자연석의 붉은 부분을 거북이의 턱으로 삼았다.

거북의 등에 새겨진 구름무늬와 당초문, 보상화문, 머리와 목의 주름 그리고 입김과 콧김까지 표현하는 등 조각의 치밀함에 놀라움을 금할 수 없다.

이수(螭首)의 높이 약 1.1m인데, 여의주를 받들고 있는 좌우 3마리의 용이 서로 상대방의 앞발을 꼬리로 꼬고 전체적으로는 좌우 대칭을 이루고 있다.

용의 다리와 비늘 하나하나가 생동감 있게 조각되어 있어 당시 석조 예술이 대단한 경지에 이르렀음을 잘 보여준다.

중앙에는 전서체로 '太宗武烈王之碑'라는 2행 8자가 양각되어 있다. 조선 후기의 서화가인 이우(李俁)의 『대동금석서속(大東金石書續)』에 의하면 비문의 글을 당대의 명필이며 무열왕의 아들인 김인문의 썼다고 한다. 이 명문으로 무열왕릉은 신라 역대 능묘 중에서 피장자가 확실한 유일한 능이 되었다. 따라서 무열왕의 능묘를 기준으로 삼국 및 통일신라 왕릉의 형식을 구분한다.

동해의 용이 된 문무왕

문무대왕면 봉길리 바닷가에서 200m 떨어져 있는 작은 바위섬인 대왕암(大王岩)은 신라 제30대 문무왕의 해중능인데 '대왕암'이라고 한다. 바다에 있는 수중릉으로, 세계적으로 유례를 찾기 힘들다. 사적으로 지정되어 있다.

해안에서 바라본 대왕암(좌), 보트를 타고 바다쪽에서 본 모습(중), 현장 안내판의 사진(우)

대왕암은 용이 된 문무왕의 영혼이 깃든 곳이다. 그런데 요즈음 우리의 1인당 국민소득이 일본과 거의 대등하게 되었고 산업의 일부는 일본을 능가하고 있으니 지금쯤 문무왕은 대붕(大鵬)이 되셨을 것이다. 대붕은 한 번 날개짓을 하면 10만 8천 리를 날고 바닷속의 용을 잡아먹는다. 용으로 화하지 못하면 이무기, 이무기가 되지 못한 것은 뱀이다. 뱀에도 미치지 못하면 지렁이이다. 그런데 아직도 일본에 대해 열등감을 느끼고 걸핏하면 일본을 질시하지 않는 사람들을 토착

왜구 운운하면서 일본을 지나치게 경계하는 사람들이 있으니 이들은 우리를 아직 지렁이로 생각하는 것 같다.

대왕암에 대해 이런 조사가 있었다.

1964년 10월 24일, 한국일보는 문화재청과 함께 신라오악학술조사 사업을 통해 문무왕릉에 대해 조사하다가 문무왕릉이 현재의 대왕암이라는 것을 확인하게 된다.

정영호 교수를 포함한 3명의 학자들은 당시 대왕암까지 조각배를 타고 가서 대왕암 내부 웅덩이에 들어가 장대를 쑤셔 그 복판 바윗돌 밑에 구멍이 뚫렸다는 사실을 확인했다. 이런 조사 성과를 토대로 조사단이 그린 모식도에는 바위 밑에 유골상자와 부장품을 담은 관 같은 석함이 그려져 있었다. 즉 대왕암 내부 복판 바닥에는 관이나 유골 상자를 안치하기 위한 홈이 있고, 그 위를 거대한 바위로 덮었을 것으로 보았던 것이다. 이 생각을 그대로 받아들인다면 대왕암은 물속에 유골을 모신 수중릉이 된다.

그러나 2001년 재조사에서는 바위 밑에는 아무 것도 없었다는 것이 확인되었다.

2001년 KBS 역사스페셜 팀이 학자들과 함께 최초로 대왕암을 직접 탐사했다. 조사단은 대왕암 십자 수로의 끝을 모래주머니로 막은 후 양수기로 물을 빼내어 대왕암 한가운데에 있는 바윗돌인 복개석을 비파괴검사로 조사했다.

조사 결과 복개석은 석관 뚜껑이나 덮개돌이 아니었다. 그냥 약 20t

정도 되는 거대한 바윗돌이었고, 복개석 아래에는 부장품은커녕 유골 상자나 사리함 등을 묻은 공간은 물론 그런 흔적조차 없었다. 바위가 놓인 곳은 부드러운 흙층이나 모래층이 아니라 주변 암초의 일부이자 단단한 암석층인지라 도저히 파내려야 파낼 수가 없는 구조였던 것. 결론적으로 바위 안이나 바위 밑에 부장품이 있을 가능성은 전혀 없었다.

그렇다면 1960년대 신라오악조사단이 왜 바위 밑에 유골상자와 부장품을 둔 공간이 있었다고 추측했을까? 바위 아래가 절리층인지라 쩍쩍 갈라진 틈새가 많은 암석층이었기 때문이었다. 위에서 언급한 바와 같이 당시에는 비파괴검사 장비 등 최신장비들이 없어 막대기로 쑤셔가며 조사했는데, 하필이면 막대기에 바닥 틈새 공간이 잡혔기 때문에 이 공간에 유골상자와 부장품을 모셨을 것으로 오인했던 것이다.

한편 2001년 조사 당시 학자들의 의견은, 현재의 복개석인 그 바윗돌은 대왕암에서 자연적으로 떨어져 틈새에 끼어있었을 텐데, 그 바윗돌을 석공들이 밀어 꺼내어 대왕암 중심에 갖다 놓았을 가능성이 있었다고 하였다. 게다가 2001년 조사 때 대왕암의 십자형 수로와 대왕암 안쪽을 인공적으로 깎아서 다듬은 흔적까지 발견되었다. 바닷물이 동쪽 수로로 들어와 서쪽 수로로 빠져나가는데, 물이 잘 빠져나가도록 서쪽 수로를 깎아서 동쪽 수로보다 더 낮게 만든 흔적이 나왔다. 대왕암의 안쪽도 툭 튀어나온 부위를 정으로 깬 흔적이 있었다.

유골이나 부장품을 안장하지 않았다면 왜 신라 왕실은 석공들을 시켜 대왕암을 다듬고 정리하는 수고를 했는지 의문이 남는데, 문무왕의 유골을 뿌린 산골처인 대왕암을 아예 문무왕을 기리는 성지로 만들고자 바닷물이 잘 드나들고 흉한 부분이 없도록 외양을 다듬었다는 학설이 유력하다. 즉, 문무왕을 제대로 추모할 수 있는 허묘(墟墓)를 해중릉으로 판단한 것이다.

대왕암에 문무왕의 유골이 안장되지는 않았더라도, 문무왕이 살아 생전에 관계가 깊은 장소이고 신라 왕실에서 대왕암을 추모공간으로 삼고자 작업했음은 의심할 여지가 없다.

큰 용이 되어 불교를 받들고 나라를 보위하겠노라

문무왕은 통일을 완성한 후에도 큰 근심거리가 있었다. 바로 수시로 비닷가에 상륙해 노략질을 일삼는 왜구를 안전히 제압하지 못하고 세상을 떠나게 된 문무왕은 죽은 후에라도 왜구를 막겠다고 서원하고 자신이 죽으면 불교식으로 화장을 해 동해상의 큰 바위, 즉 지금의 대왕암에 장사를 지내라는 유언을 남기게 된다.

왕이라면 현세는 물론이고 내세에도 부귀영화를 누리고자 한다. 그러나 문무왕은 달랐다. 죽음이 다가오는 중에도 자신의 평안보다는 국가의 안위를 먼저 생각했다. 어쩌면 나라를 걱정하며 눈을 감지 못한 것은 아닐까? 문무왕의 유언을 보면 가슴이 뭉클해진다.

『삼국유사』「기이」편 '문무왕 법민' 조에는 지의법사에게 남긴 왕의 유언을 다음과 같이 전하고 있다.

> "짐은 죽은 후 나라를 지키는 큰 용이 되어 불교를 받들고 나라를 보위하겠노라."

이어 법사와 이런 대화를 주고 받는다.

"용은 축생인데 어찌 용이 되려 하시옵니까?"

"나는 세상의 영화를 싫어한 지가 오래 되었소. 만약에 추한 인연에 따라 축생이 된다면 이는 내가 바라는 바와 꼭 맞는 것이오."

『삼국사기』「신라본기」'문무왕' 조에는 왕의 유언을 좀 더 자세하게 기술하고 있다.

"과인은 어지러운 때에 태어난 운명이어서 자주 전쟁을 만났다. 서쪽을 치고 북쪽을 정벌하여 강토를 평정하였으며, 반란자를 토벌하고 화해를 원하는 자와 손을 잡아, 마침내 원근을 안정시켰다. 위로는 선조의 유훈을 받들고 아래로는 부자의 원수를 갚았으며, 전쟁 중에 죽은 자와 산 자에게 공평하게 상을 주었고, 안팎으로 고르게 관작을 주었다. 병기를 녹여 농기구를 만들어서, 백성들로 하여금 천수를 다하도록 하였으며, 납세와 부역을 줄여 집집마다 넉넉하고 사람마다 풍족하게 하여, 백성들은 자기의 집을 편하게 여기고, 나라에는 근심이 사라지게 하였다. 창고에는 산더미처럼 곡식이 쌓이고 감옥에는 죄수가 없어 풀이 우거졌으니, 가히 선조들에게 부끄러울 것이 없었고, 백성들에게도 짐 진 것이 없었다고 할만하였다. 내가 풍상을 겪어 드디어 병이 생겼고, 정사에 힘이 들어 더욱 병이 중하게 되었다. 운명이 다하면 이름만 남는 것은 고금에 동일하니, 홀연 죽음의 어두운 길로 되돌아가는 데에 무슨 여한이 있으랴! 태자는 일찍부터 빛난 덕을 지니고, 오랫동안 동궁의 자리에 있었으니, 위로는 여러 재상으로부터 아래로는 낮은 관리에 이르기까지, 죽은 자를 보내는 의리를 어기지 말고, 산 자를 섬기는 예를 잊지 말라. 종묘의 주인은 잠시라도 비어서는 안 될 것이니, 태자는 나의 관 앞에서 왕위를 계승하라. 세월이 가면 산과 계곡도 변하고, 세대 또한 흐름에 따라 변하는 것이니, 오나라 왕 합려의 북산 무덤에서 어찌 향로의 광채를 볼 수 있겠는가? 위나라 왕 조조의 서릉에는 동작이란 이름만 들릴 뿐이로다. 옛날 만사를 처리하던 영웅도 마지막에는 한 무더기 흙이 되어, 나무꾼과 목동들이 그 위에서 노래하고, 여우와 토끼는 그 옆에 굴을 팔 것이다. 그러므로 헛되이 재물을 낭비하는 것은 역사서의 비방거리가 될 것이요, 헛되이 사람을 수고롭게 하더라도 나의 혼백을 구제할 수는 없을 것이다. 이러한 일을 조용히 생각하면 마음 아프기 그지없으니, 이는 내가 즐기는 바가 아니다. 숨을 거둔 열흘 후, 바깥 뜰 창고 앞에서 나의 시체를 불교의 법식으로 화장하라. 상복의 경중은 본래의 규정이 있으니 그대로 하되, 장례의 절차는 철저히 검소하게 해야 할 것이다. 변경의 성과 요새 및 주와 군의 과세 중에 절대적으로 필요하지 않은 것은 잘 살펴서 모두 폐지할 것이요, 법령과 격식에 불편한 것이 있으면 즉시 바꾸고, 원근에 포고하여, 백성들이 그 뜻을 알게 하라. 다음 왕이 이를 시행하라!”

통일의 카오스를 정명(政明)한 작은 거인, 신문왕릉

사적 제181호(1969. 8. 25)

소재지: 경상북도 경주시 배반동 453 - 1

산업화 근대화로 5천년 가난을 몰아내고 대한민국을 선진국으로 만들어 한강의 기적을 이루어낸 박정희 대통령, 프랑스의 나폴레옹 등 새로운 역사를 만들어낸 위대한 인물을 영웅이라고 하며, 체구가 작은 편이라 「작은 거인」이라 표현한다.

신문왕이 바로 그런 분이다.

자신을 '왜소하다 혹은 보잘것없다'(眇躬)고 하였던 신문왕(神文王, 김정명)은 문무왕(文武王)의 아들로 신라의 제31대 왕이며 재위 기간은 12년(681~692)이다. 신문왕릉은 신라가 삼국을 통일한 후 중국의 문물을 집중적으로 받아들이기 시작하던 시기에 조성한 능으로, 당나라의 능묘제도를 본격적으로 도입한 괘릉 이전에 조성한 것이다. 크기는 봉분 지름 29.3m 높이 7.6m이며, 상석(床石)이 놓여있고 둘레석을 잘 다듬은 돌로 쌓은 가장 오래된 왕릉이다.

아들을 염려한 문무왕은 "태자는 일찍이 밝은 덕을 쌓았고 오랫동안 태자의 자리에 있었다. 위로는 여러 재상에서부터 아래로는 하급 관리들에 이르기까지 죽은 사람을 보내는 도리를 어기지 말고, 살아 있는 임금을 섬기는 예의를 빠뜨리지 말라. 종묘의 주인은 잠시라도 비워서는 안되므로, 태자는 구전즉위의례(柩前卽位儀禮: 관 앞에서 왕위를 잇도록) 하라."고 유인하였다.

문무왕의 유조(遺詔)에 따라 681년 7월 7일에 곧바로 즉위하였으나, 수많은 통일 전쟁에 군사를 이끌고 출전한 부친과는 달리 한 번도 참전하지 않은 왜소하고 금방 즉위한 왕을 통일 전쟁 공신들이 얕잡아 보았던지, 즉위한 불과 1개월 뒤인 681년 8월 장인인 김흠돌(金欽突)이 반란을 일으켰다.

신문왕은 단호히 김흠돌의 난을 진압하고 통일전쟁 때 김유신 장군 휘하에서 군공을 세우며 군부의 실력자가 된 병부령 김군관(金軍官) 등을 숙청하는 등 여러 가지 파격적 인사 조치를 단행하여 공신 세력들의 반발을 잠재웠다.

즉위 두 달 만인 8월 16일, 교서를 내려 "공이 있는 자에게 상을 주는 것은 옛 성인의 좋은 규범이고, 죄가 있는 자에게 벌을 주는 것은 선왕의 훌륭한 법이다. 과인이 왜소한 몸과 볼품없는 덕으로 숭고한 기틀을 받아 지키느라 먹을 것도 잊고 아침 일찍 일어나 밤늦게 잠들며 여러 중신들과 함께 나라를 편안케 하려 한다."고 강력한 의지를 드러내며 당찬 개혁으로 왕권을 확립하여 이후 태종무열왕계의 왕위계승을 정착시켰다.

중앙행정관서를 완비하고, 9주 5소경을 기초로 하는 지방통치조직 및 6정(停)과 9서당(誓幢)을 중심으로 하는 군사조직을 새롭게 정비하였다. 또한 녹읍(祿邑)을 혁파하고 모든 관리들에게 세조(歲租)를 녹봉으로 지급하는 녹봉제도를 실시하였다. 이밖에 '유교정치이념'을 널리 보급하기 위하여 682년(신문왕 2)에 국학(國學)을 설치하였으며, 한때 도읍을 달구벌(대구)로 옮기려고 시도하였고, 도시계획을 정비하여 왕경을 새롭게 재편하는 등 통일신라의 기틀을 다졌다.

신문왕의 장지가 낭산 동쪽에 있다는 『삼국사기』의 기록과 달리, 이곳은 낭산 남쪽이므로 아들인 효소왕릉이라는 주장도 있다. 그러나 낭산 동쪽에 진평왕릉이 있고 최근 발굴한 미완성 왕릉이 있으나 신문왕릉이라 비정할 만한 능은 없다.

1942년 이곳에서 북쪽 1.5km 거리에 있는 황복사지 삼층석탑 2층 지붕돌 상부에서 발견된 통일신라시대 금동제 사리함 뚜껑 안쪽의 명문에 따르면 692년 신문왕이 세상을 떠나자 왕비인 신목태후가 왕위를 이은 아들 효소왕과 함께 종묘의 신성한 영령을 위해 선원가람에 삼층석탑을 세웠다고 하였다. 그렇다면 혹시 낭산 동쪽 기슭에 있는, 이 탑이 신문왕의 사리탑이 아닌가 하는 생각이 언뜻 들기도 하지만 알 수 없다.

지도상에서 신문왕릉과 황복사지 석탑을 직선으로 연장하면 북쪽 5km 지점에서 경주금강산 주봉과 정확하게 맞닿는다. 이 점은 왕릉과 황복사 입지에 중요한 요인이 되는 것 같으며, 왕릉 둘레의 44개 받침돌 중 남서쪽 돌에 새긴 문(門)이라는 글자는 왕릉에 대한 의문을 푸는 실마리가 될 수 있을 것으로 생각한다.

남쪽으로 신문왕릉이 보이는
낭산 동쪽 삼층석탑

문무왕을 동해(東海)에 장사 지낸 신문왕은 바닷가에 능사(陵寺)격인 감은사(感恩寺)를 지었으며 대왕암이 잘 보이는 곳에 이견대(利見臺)를 세워 참배하였는데, 오늘날 경주시 황용동 모차골에서 기림사에 이르는 5km 왕의 길이 바로 신문왕이 동해로 가던 길이다.

신문왕은 해룡(海龍)이 된 문무왕과 천신(天神)이 된 김유신(金庾信)이 용을 시켜 보낸 대나무로 피리를 만들어 월성(月城)의 천존고(天尊庫)에 간직하였다. 그런데 피리를 불면 적병이 물러가고 병이 나으며, 가뭄에는 비가 오고 장마는 개며, 바람이 잦아들고 물결이 평온해졌기에 이 피리를 만파식적(萬波息笛)이라 부르고 국보로 삼았다고 한다.

왜소한 아들에 대한 부왕(문무왕)의 배려, 혹은 공백 없는 왕권 유지라는 원모심려(遠謀深慮) 때문인지, 통일 전쟁에 한 번도 참전한 적이 없었던 신문왕은 여러 가지 대담한 개혁 정치로 민심을 다스리며 통일 후 곳곳에 존재하는 여러 가지 후유증을 치유하고, 재위 12년 동안 삼국이 하나가 되게 하여 명실상부한 통일신라를 이룬 왕이다.

사실 일만의 파란을 잠재운 만파식적은 피리가 아니라 문무왕의 아들인 신문왕 김정명(政明: 밝은 정치를 실현) 이라는 생각이 든다. 전쟁의 수많은 사상자와 유가족, 나라 잃은 고구려와 백제의 유민들을 위무(慰撫)하고, 전쟁 공신들에 대한 쉽지 않은 논공행상으로 잠시도 편안할 사이가 없었을 것이다. 그의 말대로 "공이 있는 자에게 상을 주는 것은 옛 성인의 좋은 규범이고, 죄가 있는 자에게 벌을 주는 것, 먹을 것도 잊고 아침 일찍 일어나 밤늦게 잠들며…" 통일 후의 만파(萬波)를 식적(息寂)한 신문왕이야말로 바로 작은 거인이다.

그리하여, 갈등과 고뇌와 세파를 잠재운 왕, 즉 신문(神文: 신의 이름으로 부르는 신통한)왕으로 시호한 것이 아닐까?

모후와 함께 소대(昭代)를 일군 소년왕, 효소왕릉

사적 (1969. 8. 27) 20,782 ㎡

소재지: 경상북도 경주시 조양동 산 8번지

소대(昭代)는 나라가 잘 다스려져 태평하고 밝은 세상을 뜻하는데 신라 제32대 효소왕(687~702, 김이홍)은 재위 10년(692~702)간 태평성대를 일군 소년왕이다. 신라 32대 효소왕의 성은 김, 이름은 이홍(理洪)이며, 이공(理恭)이라고도 한다.

동해 용왕이 된 문무왕의 손자로 신문왕의 맏아들이며 어머니는 충북 영동군 양산면 전투의 영웅이자 태종무열왕의 사위 낭당대감(郎幢大監) 김흠운(金欽運)의 딸인 신목왕후(神穆王后) 인데, 신문왕이 반란을 일으킨 김흠돌의 딸인 첫 번째 왕비를 내치고 맞아들인 두 번째 왕비로 요석공주의 딸이라는 주장도 있다.

효소왕은 687년(신문왕 7) 음력 2월에 태어나, 691년(신문왕 11) 음력 3월 1일에 태자로 봉해졌는데 이듬해인 692년(신문왕 12) 음력 7월에 신문왕이 죽자 6세의 어린 나이로 왕위를 이었다.

효소왕은 매우 어린 나이에 왕위에 올랐으나 모친인 신목태후의 섭정과 '원선'이나 '당원'과 같은 나이 많은 대신들의 도움으로 비교적 안정적으로 국정을 유지할 수 있었고 신문왕 때 추진했던 제도개혁도 지속적으로 추진할 수 있었다.

효소왕은 왕위에 오르자 왕의 이름과 같은 글자를 사용하는 좌리방부(左理方府)와 우리방부(左右理方府)는 좌·우 의방부(議方府)로 명칭을 바꾸었다. 그리고 의학(醫學)을 설치하고 박사(博士) 2인을 두어 『본초경(本草經)』, 『갑을경(甲乙經)』, 『소문경(素問經)』, 『침경(針經)』, 『맥경(脈經)』, 『명당경(明堂經)』, 『난경(難經)』 등 다양한 의서를 교육하게 하여 백성들의 건강을 적극 돌보았다.

693년(효소왕 2)에는 문무왕(文武王) 때 설치된 장창당(長槍幢)의 명칭을 비금서당(緋衿誓幢)으로 바꾸었고, 695년(효소왕 4)에는 금성에 서시(西市)와 남시(南市)를 두고, 이를 감독하는 서시전(西市典)과 남시전(南市典)을 설치해 감(監) 2인과 대사(大舍) 2인씩을 두어 상업을 진흥하였으며, 699년(효소왕 8)에는 공물(貢物)과 부역(賦役) 등의 업무를 관장하는 조부(調府)에 사(史) 2인을 증원했고, 국가 재정을 관장하는 창부(倉部)에는 조사지(租舍知)의 직위를 신설하고, 사(史) 1인을 증원하는 국가 재정을 튼튼히 하였다.

701년(효소왕 10)에는 사사로이 이익을 탐한다며 영암군(靈巖郡)의 태수(太守)인 일길찬 제일(諸逸)에게 곤장 1백대와 유배형을 내리는 등 관리들의 기강도 엄히 단속했다.

효소왕 당시 북방의 옛 고구려 땅에서는 고구려 유민 대조영이 발해를 건국하여 고구려를 계승하였기에 통일신라시대 혹은 남북국 시대가 시작되는데, 694년(효소왕 3)에는 송악(松岳, 지금의 경기도 개성)과 우잠(牛岑, 지금의 황해도 금천)에 성을 쌓았고, 재위 기간 중에 비열주(比列州, 지금의 강원도 안변)에 둘레가 1천1백80보나 되는 성을 쌓아 국방을 강화하였다.

왕릉의 크기는 지름 10.3m, 높이 4.3m, 둘레 57.5m이다. 외부 모습은 흙으로 덮은 원형봉토분(圓形封土墳)이며 묘제는 굴식돌방무덤[橫穴式石室墳]이다. 밑둘레[護石]는 40~50㎝의 자연석을 사용하여 왕릉을 보호하기 위해 둘레돌을 1m정도 쌓아올렸다. 그러나 지금은 둘레돌이 대부분 묻혀 있다.

현재의 왕릉은 1929년 4월과 1969년 11월 두 차례 도굴을 당했다. 특히 두 번째 도굴로 돌방의 규모가 드러났는데, 길이 3m 너비 150㎝ 높이 150㎝의 크기였다. 돌방에 사용된 돌은 화강석이었으며, 돌방 안에 부장 된 유물은 발견되지 않았다.

『삼국사기』에 의하면 702년에 "왕이 죽자 이름을 효소라 하고 망덕사 동쪽에 장사지냈다"고 했으나, 성덕왕릉 서쪽에 있는 이 무덤은 망덕사지에서 남남동 방향으로 약 5㎞ 거리에 있어 기록과는 차이가 많아 망덕사지 동쪽에 있는 현재의 신문왕릉을 효소왕릉으로 보는 견해도 있다.

사망 당시 비록 16세의 어린 왕이지만, 당나라 측천무후(則天武后)는 효소왕이 죽었다는 소식을 듣고 그를 위하여 애도하고 이틀간 조회(朝會)를 열지 않았을 정도로 슬퍼하였으며 사신을 보내 조문·위로 하였다고 한다.

이처럼 어린 왕으로 모친을 받들어 모시며 정치를 안정시키고 선정을 베풀고, 할아버지인 문무왕과 부친인 신문왕의 위업을 충실하게 이어받았기에 효소(孝昭: 효도를 기반으로 태평시대를 일군)왕이라 시호한 것이라 생각된다.

山河같이 크고 日月같이 빛나는 聖君, 성덕왕릉

사적 (1963. 1. 21) 98,948㎡

소재지: 경상북도 경주시 조양동 산8번지

‘대왕의 덕은 산과같이 높고 바다같이 깊으며 명성은 해와 달처럼 밝게 빛납니다.’ 성덕대왕신종에 새겨진 명문에는 왕의 업적을 이같이 기리고 있다.

성덕왕(聖德王)은 신문왕의 둘째 아들로, 702년(효소왕 11) 친형인 효소왕(孝昭王, 692~702)이 아들 없이 죽자 화백회의에서 그를 왕으로 추대하여 왕위에 올랐다. 효소왕은 6세의 나이에 왕위에 올라

16세의 나이로 죽었으므로, 성덕왕이 왕위에 올랐을 때의 나이도 15세가 넘지 않았을 것이다.

성은 김(金), 이름은 흥광(興光), 시호는 성덕(聖德)이다. 『삼국사기』에 따르면, 본명은 융기(隆基)였으나, 이름이 당나라 현종(玄宗, 재위 712~756)과 같아 712년(성덕왕 11)에 사신을 보내 이름을 바꿀 것을 요구해오자 개명(改名)하였다고 한다.

신라의 제31대 신문왕(神文王, 재위 681~692)의 둘째 아들로 태어났으며, 어머니는 일길찬(一吉飡) 김흠운(金欽運)의 딸인 신목왕후(神穆王后) 김씨(金氏)이니 효소왕의 친동생이다.

704년(성덕왕 3) 소판(蘇判) 김원태(金元泰)의 딸인 성정왕후(成貞王后) 김 씨를 비(妃)로 맞이했으나 716년(성덕왕 15) 궁에서 내보냈고, 성정왕후와의 사이에 김중경(金重慶)을 낳아 715년(성덕왕 14)에 태자로 봉했으나, 717년(성덕왕 16)에 일찍 죽었다. 720년(성덕왕 19)에 이찬(伊飡) 김순원(金順元)의 딸인 소덕왕후(炤德王后)를 다시 비로 맞이하여, 김승경(金承慶, 제 34대 효성왕)과 김헌영(金憲英, 제 35대 경덕왕) 형제를 낳았다.

이 밖에 제 37대 선덕왕(宣德王, 재위 780~785)의 생모인 사소부인(四炤夫人) 김 씨와 714년(성덕왕 13)에 당나라로 숙위로 보내진 김수충(金守忠) 등의 자녀가 있었다. 『삼국유사』 왕력 편에는 처음 왕비는 배소왕후(陪炤王后)로 시호가 엄진(嚴眞)이며, 후비는 점물왕후(占勿王后)로 시호가 소덕(炤德)이라고 기록되어 있다.

성덕왕릉은 밑둘레 46m 높이 5m이며, 통일신라시대의 왕릉으로서 완비된 모습을 갖추고 있다. 무덤 아랫부분에는 둘레돌을 배치하여 무덤을 보호하도록 하였는데, 높이 90cm 정도의 돌(면석)을 두르고

왕릉 둘레돌과 받침돌

그 위에 덮개돌인 갑석을 올렸다. 면석 사이에는 기둥 역할을 하는 탱석을 끼워 고정시켰으며, 그 바깥쪽에 삼각형의 돌을 세워 받치고 있다. 삼각형의 받침돌 사이에 12지신상이 배치되어 있는데 네모난 돌 위에 갑옷을 입은 채 무기를 들고 서 있는 모습의 조각이 있는데 심하게 파손되어 있다.

무덤 앞쪽에는 석상(石床)이 놓여있고 무덤 주위의 네 모서리에는 돌사자를 배치하였다. 석상 앞쪽 좌우에 문인석·무인석 각 1쌍을 세웠던 것으로 보이나, 지금은 복원된 무인석과 상반신만 남은 석인(石人) 1개가 남아 있다.

성덕왕릉은 호석에 십이지신 상이 등장한 최초의 신라왕릉 인데, 석물의 사실적인 조각 기법은 통일신라 초기 양식에 속한다.

탱석자체에 십이지신상이 부조로 조각되어 있는 다른 왕릉의 모습과는 달리 입체적인 십이지신상이 왕릉 주위에 서 있는데 왕릉조성 당시에 만들어진 것이 아니라 754년(경덕왕13)에 세워진 것이다. 이는 삼각형 받침돌의 위치와 조금 어긋나 있는 십이지신상으로 보아 짐작된다. 십이지신상 가운데 온전한 원숭이상은 국립경주박물관 신라역사관에 옮겨 전시되어 있고, 닭상은 머리가 붙은 채로 왕릉 주위에 서 있으며 다른 십이지신상들은 대부분 머리부분이 파손되었다.

성덕왕릉 앞 100m 떨어진 곳에는 성덕왕의 능 앞에 세웠던 성덕왕비(聖德王碑) 거북받침돌이 있다. 가로 290㎝, 세로 268㎝로 비석과

무인상과 사자상

성덕왕릉 닭상

이수(螭首)는 없어지고 받침돌만 남아 있다. 받침의 거북은 목이 부러졌으며, 앞·뒷발에는 발톱을 새겨 놓았다. 등에는 6각형 귀갑(龜甲)무늬를 새겼으며, 중앙에 비석을 꽂았던 네모난 홈이 파여 있다. 거북의 등에 새긴 육각형의 또렷한 무늬와 다른 비석받침 무늬로 보아 8세기 전반의 작품으로 짐작된다.

어린 나이로 왕위에 올랐지만 36년간의 긴 재위 기간에 정치적 안정을 누리며 제도의 정비와 문물의 발달을 이루었다.

성덕왕은 722년(성덕왕 21) 처음으로 백성들에게 정전(丁田)을 지급했다. 정전의 자세한 내용은 확인되지 않으나 국가의 토지 지배력을 강화하고 수취 체제를 정비 하려는 목적에서 시행된 것으로 보인다. 이 밖에 707년 (성덕왕 6)에는 흉년으로 춘궁기에 굶어죽는 사람이 많아지자, 7월까지 사람마다 하루에 좁쌀 3되를 지급하고 오곡(五穀)의 종자도 나누어 주는 등 백성의 구휼에도 힘을 기울였다.

성덕왕릉 귀부
유형문화재(1979.1.25.)

성덕왕 때에 신라는 당나라와 매우 우호적인 관계를 유지했다. 732년(성덕왕 31) 발해가 당나라의 등주(登州)를 공격했을 때에는 당나라의 요청을 받아 김사란(金思蘭)으로 하여금 발해의 남부를 공격케 했다. 이러한 적극적인 외교정책으로 신라는 735년(성덕왕 34) 당나라로부터 패강(浿江, 지금의 대동강) 이남의 땅을 영토로 인정받았다.

하지만 발해·일본과는 적대 관계에 있었다. 일본은 703년(성덕왕 2) 204명으로 구성된 대규모 사절단을 신라로 보내오기도 했으나, 731년(성덕왕 30) 300여 척의 병선을 이끌고 신라의 동쪽 변경에 쳐들어왔다. 당시 발해의 무왕(武王, 재위 719~737)은 왕위에 오른 뒤에 옛 고구려의 영토를 되찾기 위해 영토를 끊임없이 확장해 갔으며, 727년에는 일본으로 사절을 보내 외교관계를 수립하였다. 이러한 발해의 영토 확장에 맞서서 성덕왕은 718년 한산주(漢山州, 경기도 광주)에 여러 성을 쌓았고, 721년(성덕왕 20)에는 하슬라도(何瑟羅道, 강릉)의 장정을 징발해 북쪽 국경에 장성(長城)을 쌓았다. 722년에는 일본의 침략을 막기 위해 모벌군성(毛伐郡城)을 쌓았다.

성덕왕이 죽은 뒤에 소덕왕후 (炤德王后)의 소생인 김승경이 제34대 효성왕(孝成王, 재위 737~742)으로 왕위를 이었다.

효성왕의 동생인 경덕왕이 아버지인 성덕왕을 기리기 위해 '성덕대왕신종'을 만들었는데, 혜공왕(惠恭王, 재위 765~780) 때인 771년(혜공왕 7)에 완성되어 봉덕사(奉德寺)에 걸었다고 한다.

성덕대왕 신종

『삼국유사』에는 성덕왕 때에 태종무열왕을 기리기 위해 봉덕사(奉德寺)를 세웠다고 기록하고 있다.

성덕대왕신종은 국보로 지정(1962. 12. 20)되어 국립경주박물관에 전시하고 있다. 종을 보호하기 위해 타종을 중단(2003년)하였는데, 경주시에서는 이 종을 본뜬 '신라대종'을 주조하여 2016년 대릉원 북쪽 시가지에 안치하고, 때마다 타종하여 웅장한 종소리가 온 누리에 울려 퍼지고 있다.

『삼국사기』에 의하면 737년(성덕왕 36)에 왕이 죽자 이거사(移車寺) 남쪽에 장사지냈다고 하는데, 현재 왕릉 북쪽 도지동에 이거사로 추정되는 절터가 있어 기록과 부합된다.

동네 아이들의 놀이터였던 경덕왕릉

추억이 깃든 경덕왕릉을 찾아서

경주시외버스터미널에서 강변로를 따라 내남, 언양 방면으로 약 10km 가다 내남초등학교 방향으로 우회전하여 학교를 지나 경덕로로

솔바람 소리에 잠든 경덕왕릉

조금만 더 가면 경덕왕릉 가는 길이 나온다. 자동차로 약 16분 소요된다. 경덕왕릉 주차장에 주차하고 약 5분 정도 솔숲을 걸어가면 아담하면서 화려한 왕릉을 만나게 된다. 거리는 약 14km 정도이다.

대중교통을 이용하면 경주 시내버스 500단위 버스를 타고 부지(냄비) 입구에서 내려 약 4km 정도 걸어가면 도착할 수 있다. 또는 502번을 타고 부지2리에서 내려 약 10분 정도 걸어가면 된다.

경덕왕릉은 경상북도 경주시 내남면 부리지 산 8번지에 있으며, 사적지로 지정된 신라 제35대 왕의 무덤으로 전해지고 있다.

필자가 어릴 때는 능 주변의 소나무들이 키가 작고 모양도 분재 같았는데 나이 70줄인 지금은 키도 크고 모양도 변하였을 뿐만 아니라 능 양옆과 뒤쪽에 잣나무를 심어 옛 정취는 찾아보기 힘들며 조금 낯설다.

형의 뒤를 이은 경덕왕

신라 제33대 성덕왕의 셋째아들로 태어난 경덕왕(景德王)의 이름은 헌영(憲英)이며, 어머니는 소덕왕후(炤德王后)이다.

소덕왕후가 성덕왕과 함께 산 기간이 5년(720년 3월~724년 12월)이다. 형 효성왕이 721년~722년 사이에 출생했을 것으로 보면, 경덕왕은 722년~724년 사이에 태어난 것으로 추정해 볼 수 있다.

경덕왕은 제34대 효성왕[재위 기간 737년~742년(5년)]의 동복아우로 효성왕이 자식이 없어 효성왕 3년(739년)에 태자로 책봉되었다가 효성왕의 사후 왕위를 계승하였다. 재위 기간은 742년~765년(23년)이다.

왕비는 이찬(伊飡) 김순정(金順貞)의 딸이었으나, 자식이 없어 743년(경덕왕 2년) 다시 신라 17관등 중 1위인 서불한(舒弗邯) 김의충(金義忠)의 딸을 왕비로 맞이하였다. 이가 만월부인(滿月夫人)이다. 만월부인에게서 늦게 적자를 얻었으니 이가 신라 제 36대 혜공왕이다.

『삼국사기』에 의하면 경덕왕은 재위 24년에 승하했는데, 모지사(毛祇寺) 서쪽 봉우리에 장사지냈다고 하였고, 『삼국유사』에는 처음 경지사(頃只寺) 서쪽 언덕에 장사 지내고 돌을 다듬어 능을 만들었다가 뒤에 양장곡(楊長谷) 가운데로 이장했다고 전하고 있다. 지금 전하는 경덕왕릉의 위치와 문헌 기록의 일치 여부는 확실치 않으나 돌을 다듬어 능을 만들었다는 기록이 둘레돌(護石)을 의미한다면 현 상태와 유사한 점도 있다. 그러나 경덕왕릉에 대한 진실여부에 대해 이론이 많은 것은 사실이다.

신라인들의 예술이 담겨 있는 경덕왕릉

경덕왕릉의 사적 지정 내용은, 지정면적 9,498㎡. 외형상 원형봉토분(圓形封土墳)으로, 지름 약 22m, 높이 약 6m이다.

능 하부 주위의 둘레돌은 목조건축물의 석조기단과 같은 형태로, 가장 아래에 지대석(地臺石)이 있고, 그 위에 높이 89㎝, 너비 120㎝의 면석(面石)이 놓여 있다.

면석 사이사이에는 면석과 봉분을 지탱하기 위한 탱석(撑石)을 배치하였는데, 탱석의 앞면은 면석보다 약간 앞으로 나와 있다. 탱석은 두 칸 건너 하나씩 무복을 입고 무기를 들고 있는 십이지신상이 조각되어 있다.

면석과 탱석 위에는 갑석(甲石)이 놓여 있다. 이러한 둘레 돌구조는 통일신라시대 왕릉의 가장 정비된 형식이다. 둘레돌에서 밖으로 1.3m 떨어진 곳에는 높이 175㎝의 돌기둥 40개를 세워 돌난간을 둘렀다.

지금 돌기둥은 모두 남아있다. 기둥 사이사이에 끼웠던 난간의 돌살대는 1개만 남아 있었으나 지금은 모두 복원되었다.

난간과 둘레돌의 사이에는 길이 110㎝, 너비 약 45㎝의 부채꼴 판석을 정연하게 깔았다.

능 앞에는 안상문(眼象文)이 새겨진 높은 석상(石床)이 놓여 있다. 그 밖에 통일신라시대 왕릉에서 볼 수 있는 돌사자·문인석(文人石)·무인석(武人石)과 같은 석조물은 보이지 않는다.

경덕왕의 주요 정책과 문화 육성

경덕왕은 한화 배일 정책을 펼쳤다.

이 시대에 펼쳐진 한화 정책은 녹읍을 부활하고 경덕왕 16년 전국 9주(州)·5소경(小京)·117군(郡)·293현(縣)의 고유 지명을 모두 당나라 식으로 바꾸어 한자화했는데, 지금의 읍면 단위까지 대대적으로 바꿨다.

또한 759년에는 중앙 관직명도 한자화했다. 집사부 중시를 시중으로, 국학을 태학으로 명칭을 바꾸었을 뿐만 아니라 국학에 제업박사(諸業博士)와 조교를 두어 유학 교육에도 힘썼다.

748년 정찰(貞察)을 두어 백관을 규찰하게 하여, 왕을 중심으로 하는 전제왕권 체제를 강화하려 했다.

749년 천문박사 1명과 시간을 전문으로 알아보는 누각박사 6명을 두었으며, 758년에는 율령박사 2명을 두어 기술 분야에도 관심을 보였다.

특히 당과 11차례의 사신을 파견 활발히 교류하여 당나라의 문화 수입으로 신라문화의 전성시대를 이루었다. 특히 만불산은 약 1장(丈=3m) 높이의 침단목을 깎아서 만든 조각품인데 실물은 없지만 기록으로는 전해지고 있다.

그러나 일본에서 2차례나 사신을 파견하였으나 접견하지 않았을 정도로 배척했다.

742년 10월 일본국 사신이 이르렀으나 받아들이지 않았다. 753년 8월에도 일본국 사신이 이르렀는데, 오만하고 예의가 없었으므로 왕이 그들을 접견하지 않자 마침내 되돌아갔다.

일본 사서인 『속일본기』에는 신라 왕자라고 자칭하고 코켄텐노시대 일본을 방문한 김태렴(金泰廉)이란 인물이 등장하는데, 국내 기록에는 없다. 그 당시 경덕왕에게는 그런 아들이 있을 수도 없으며, 김태렴은 국제 사기꾼에 불과하다고 본다.

경덕왕은 불교 중흥에도 노력하여 황룡사(皇龍寺)의 종(鐘)을 주조하고, 굴불사(掘佛寺)를 비롯하여 영흥사(永興寺)·원연사(元延寺)·불국사(佛國寺) 등의 절을 세웠다. 석굴암(石窟庵)도 이때 축조하였다. 충담의 안민가와 사뇌가, 오악산 삼산신의 이야기

신·구 돌살대와 12지신상

등 미담들도 경덕왕대의 이야기들이다.

『삼국유사』「기이편」에는 그의 음경(성기)이 여덟치(약 24cm)나 되었다고 전해지고 있다.

속궁합이 맞지 않아 자식을 두지 못했다고 김순정의 딸 김 씨 왕비를 폐하여 사량부인(沙梁夫人)으로 봉하고 후비 만월부인을 맞이하였으며 시호는 경수태후(景垂太后)이다.

아들을 얻기 위해 표훈대덕(表訓大德) 스님을 불러 상제(上帝)께 청하여 아들을 두게 해달라고 요청했는데 표훈대덕이 하늘에 갔다 와서 "딸을 아들로 바꾸어 얻으면 나라가 위태롭게 된다."고 전했다 한다. 경덕왕은 비록 나라가 위태로워져도 아들에게 왕위를 계승하게 하겠다고 하였으며, 이후 만월부인이 임신해 아들을 낳았다.

아들의 이름은 건운(乾運)이며 이가 혜공왕이다. 혜공왕은 여자의 운명이었으나 남자로 태어나 어릴 때는 여자아이 같은 행동을 많이 했다고 한다. 이 혜공왕이 젊은 나이에 피살되면서 그의 대는 끊기고 무열왕 계통은 왕위에서 멀어지게 되었으며, 신라도 수백 년에 걸쳐 쇠락기로 접어들었다고 한다.

경덕왕은 이 시대의 어떤 인물일까?

그가 왕이었으니까 이 시대의 정치지도자를 의미할 것이다. 경덕(景德)이라는 이름은 경(景)-'볕, 태양, 햇살, 밝다, 환하다', 덕(德)-'크다, 어진이, 덕을 행하는 이'라는 뜻을 가진다. 이는 놀라울 만큼 덕이 많다는 뜻으로 해석해 본다. 아마 그 시대에 백성을 위해 최선을 다한 인물이라는 뜻일 것이다.

경덕왕의 음경이 비정상적으로 컸다는 것과 자식을 두지 못했다는 것은 무엇을 상징하는 것일까?

아마도 이 시대의 경덕왕은 진흥왕, 진평왕과 같이 신체가 장대하고 의지가 굳고 식견이 명철했으며, 막강한 권력을 가지고 전제왕권의 정치를 하였다고 볼 수 있다. 칭송의 대상도 되었지만 한 편으로는 크게 욕을 먹었다는 뜻으로 해석할 수도 있다.

김양상이 혜공왕을 죽이고 선덕왕이 되면서 자기의 행동을 정당화하기 위해 만들어낸 설화라고 가정하면 충분히 이해할 수 있는 일이며 귀족세력의 반발이 원인 중에 하나라고도 필자는 해석해 본다.

신라왕릉 중 가장 완비된 능묘 형식을 갖춘 원성왕릉

괘릉이 어떻게 원성왕릉이 되었을까?

원성왕은 신라 제38대왕으로 『삼국사기』에 의하면 제36대 혜공왕 때 이찬 김지정(金志貞)이 반란을 일으키자 상대등 김양상(金良相)과 함께 반란을 진압하고 선덕왕이 즉위하자 상대등이 되었다.[10]

선덕왕이 죽고 왕위를 계승한 원성왕은 재위 중 786년 당나라에 조공(朝貢)을 하고 신라왕의 책봉을 청하였으며, 788년 독서삼품과를 두어 인재를 등용하였다. 790년 김제(金堤) 벽골제(碧骨堤)를 증축하고 농사를 장려하였다.

또 『삼국유사』 기록에 의하면 원성왕이 즉위한 11년(795)에 당나라 사신이 서라벌에 와서 한 달 동안 머물다가 돌아간 지 하루 만에 웬 여자 둘이 대궐 안뜰에 들어와 다음과 같이 호소를 하였다.

---

10 혜공왕 16년(780) 이찬 김지정이 모반하여 도당을 모아 궁궐을 포위하였을 때 상대등 김양상이 이찬 김경신과 더불어 군사를 일으켜 김지정 등을 베어 죽였다. 혜공왕이 난병에게 피살되고 김양상이 왕위에 올랐으니 제37대 선덕왕이다. 선덕왕이 죽은 후 김경신이 왕위에 오르니 제38대 원성왕이다.

"저희들은 동쪽 못(東池), 푸른 못(靑池) 두 못에 사는 용의 아내옵니다. 당나라 사신이 하서국(河西國) 사람 둘을 데리고 와서 우리 남편인 두 용과 분황사 우물에 있는 용을 합하여 세 마리에게 술법을 써서 작은 물고기로 변하도록 하여 통에 넣어가지고 돌아갔습니다. 원하옵건대 임금께서는 그 두 사람을 붙잡아 나라를 지키는 우리 남편 되는 용들을 두고 가도록 하여 주시옵소서."

이에 왕이 하양관까지 그들을 뒤쫓아 가서 친히 잔치를 베풀면서 다음과 같이 말하였다.

"너희들은 어이하여 나의 용 세 마리를 잡아서 이곳까지 왔는가? 만약에 사실대로 털어놓지 않으면 극형에 처할 것이다."

이에 당나라 사신이 물고기 세 마리를 내어 바치므로 각각 제자리에 놓아주었더니 놓은 곳마다 물이 한길이나 솟아오르고, 용이 기뻐 뛰놀면서 물속으로 들어갔다. 당나라 사람이 왕의 똑똑하고 거룩한 바에 감복하였다.

이 원성왕릉을 괘릉(掛陵)이라고 했는데 피장자에 대해 논란이 많았다. 경주 지역 역사지리서인 『동경잡기』「능묘」조에 다음과 같은 기록이 있다.

"괘릉은 부의 동쪽 35리에 있는데, 어느 왕의 능인지 알 수 없으나, 전해오는 말에 따르면, 수중에 장사지낼 때 돌 위에 널을 걸어 흙을 덮은 까닭에 걸 괘(掛)자 괘릉이라 이름하였다. 석물(石物)이 아직 남아 있다."

이 기록을 근거로 수장한 임금이라면 문무왕이라 생각하여 이를 조선 후기 이후 한동안 문무왕릉이라고 했다. 1712년경 경주부윤

권이진은 괘릉이 원성왕일 것이라고 추정한 바 있으나 받아들여지지 않았다. 1955년 정인보 역시 괘릉의 문무왕 설을 부정하였다. 그 후 『삼국사기』 및 『삼국유사』의 기록과 1960년대 삼산오악 조사단의 조사 결과 양북면 봉길리 앞 바다에 있는 대왕암이 문무왕을 장사지낸 곳이라는 주장이 설득력을 얻게 되고, 이후 최치원의 문집에서 추려낸 4개의 비문 즉 '사산비명(四山碑銘)' 중에 숭복사비의 비문에 의해 이 능이 원성왕릉임이 거의 확실한 것으로 학계에서는 보고 있다.

원성왕릉을 쭉 둘러보니 스페인의 독재자 프랑코의 무덤과 대비된다.

프랑코는 죽은 뒤 반듯하게 눕혀서 묻지를 아니하고 엎어서 얼굴이 땅을 향하도록 묻었다. 그리고 다시는 일어나지 못하도록 그 위에다 5톤 무게의 큰 돌로 짓눌러 놓았다고 한다. 그 돌 위에 대리석 한 장이 묘비처럼 놓여 있는데 그 위에는 그의 업적이 기록되어 있는 것이 아니라 단지 그의 이름 두 자가 새겨져 있을 뿐이다.

프랑코와는 달리 내정은 물론 외치에서도 선정을 베풀었기에 원성왕릉을 이렇게 완벽하게 조성하였으리라.

원성왕릉 조성 과정과 왕릉의 구조

원성왕릉에 대해서 『삼국사기』 「신라본기」 '원성왕' 조에 능묘와 관련하여 "원성왕이 재위 14년 만에 돌아가시니 유해(遺骸)를 유명(遺命)에 따라 봉덕사 남쪽에 화장했다."는 기록이 있다. 능묘를 조성했다는 내용이 없다.

『삼국유사』 「왕력」편 '원성대왕' 조에는 원성왕의 능에 대해서 "능은 곡사(鵠寺)에 있는데 지금의 숭복사(崇福寺)이며 최치원이 찬한 비석이 세워져 있다."고 하여 능이 조성되었음을 분명히 밝히고 있다.

원성왕릉의 남쪽 경주시 외동읍 말방리에 있는 숭복사지에서 15조각의 비편이 발견되었는데, 이는 최치원의 문집에 있는 4개의 비문 즉 '사산비명(四山碑銘)[11]' 중에 '초월산대숭복사비명'의 일부 조각이다. 이 비문에는 원성왕릉과 관련하여 다음과 같은 내용이 기술되어 있다.

"… 798년 겨울에 대왕께서 장례에 대해 유언하시면서 인산(因山)에 능을 쓸 것을 명하였으나 땅을 가리기가 어려워 이곳에 있던 곡사(鵠寺)에 쓰려고 하자 '절 자리를 빼앗는 것은 좋지 못하다'하여 반대하는 신하들이 있었다. 그러나 절이란 자리하는 곳마다 반드시 교화되어 어디를 가든지 어울리지 않음이 없어 재앙의 터를 능히 복된 땅으로 만들어 세속을 구하는 것이며, 훌륭하고 좋은 곳에 자리 잡게 되면 왕실의 복이 산처럼 높이 솟을 것이라는 주장에 밀려 이곳에 왕릉이 들어서게 되고 곡사는 지금의 숭복사 터로 옮겼다. 이때 절 부근의 땅이 국유지가 아니었기 때문에 구릉지 100여 결(結)을 벼 2,000섬에 매입하여 능을 조성하였다."

11 네 편의 비문 중 하나가 이곳 경주 대숭복사에 있었던 초월산대숭복사비명(初月山大崇福寺碑銘)으로, 대숭복사비는 화엄종 계열의 왕실 원찰인 대숭복사의 창건 내력을 적은 비문이다. '사산비명'은 『삼국사기』나 『삼국유사』보다 연대상으로 훨씬 앞설 뿐만 아니라, 당시의 생생한 사실(史實)을 담은 제1차 자료라는 점에서 사료적 가치가 높다.

현 원성왕릉 자리에 있던 곡사를 능 남쪽에 있는 말방리에 있는 숭복사지로 옮기고 이곳에 왕릉을 조성했다는 것이다. 왕의 위력으로 절을 임의로 옮기게 한 것이 아니고 벼 2,000섬으로 그 값을 치렀다는 것이다.

백제 무령왕릉에서 발견된 지석(誌石)에서 전(錢) 1만 문(文)으로 토지신에게서 땅을 매입해서 왕릉을 조성했다는 기록과도 대비가 된다.

사적 제26호로 지정되어 있는 이 왕릉의 외형은 원형봉토분으로 지름이 약 23m이고 높이는 약 6m이다. 봉토를 보호하기 위한 호석이 설치되어 있는데, 호석은 목조건축의 석조기단과 같이 지대석 위에 높이 95cm, 길이 120cm 크기의 판석으로 면석을 놓고 그 위에 갑석을 올렸다. 각 면석 사이에는 봉분 내부로 뿌리가 길게 뻗어 면석과 봉토가 붕괴되지 않도록 지탱해 주는 탱석을 배치하였는데 탱석의 전면은 면석보다 약간 앞으로 내밀려져 있다.

원성왕릉은 왕즉불 사상이 반영되어 산치대탑을 모방한 것으로 볼 수 있다.
(좌로부터 시계방향으로 원성왕릉의 봉분, 상석, 인도 아잔타에 있는 산치대탑)

탱석에는 두 칸 건너 하나씩 무복(武服)을 입고 무기를 잡고 있는 십이지신상을 조각하였는데 그 수법은 신라 십이지신상 가운데 가장 우수한 것으로 평가하고 있다. 왕릉의 둘레에는 부채꼴의 판석을 깐 회랑이 왕릉을 두르고 있으며 회랑 둘레에는 높이가 2.7m되는 25개의 석주를 세우고 돌난간을 설치하였다. 현재 돌기둥은 모두 남아 있으나 돌기둥 사이사이에 끼웠던 난간 살대는 거의 망실되어 새로 보완하였다. 무덤의 조성 연대로 볼 때 횡혈식석실분으로 봉분의 내부에는 돌방이 축조되어 있는 것으로 추정되고 있다.

이와 같은 형식의 능묘는 인도의 산치대탑의 영향을 받은 것으로 왕즉불(王卽佛) 사상이 반영된 것으로 볼 수 있다.

왕릉의 봉분 북쪽 산록으로부터 봉분 북쪽 주변으로 물이 새어 나오고 있다. 그래서 도랑을 만들고 돌담을 쌓아 왕릉 쪽으로 물이 스며드는 것을 막고 있다.

물이 스며들면 장지로서는 치명적인 결함인데 널을 걸어서까지 장례를 치렀다는 것은 이해가 되지 않는다. 그것도 벼 2,000섬이나 주면서…….

하지만 이는 필자의 좁은 소견일 수도 있을 것이다. 당시 사람들은 물이 나오는 터를 길지로 생각했을 수도 있었겠다는 생각이 든다.

봉분의 바로 앞에는 동쪽으로 약간 치우쳐서 앞면에 안상(眼象)이 조각된 상석이 놓여져 있다.

호메로스의 『오디세이아』에 이런 구절이 있다.

> 오디세우스가 저승에서 아킬레우스를 만나 이렇게 물었다.
> "당신은 살아있을 때 굉장한 숭앙을 받았는데, 죽어서도 이렇게

죽은 자들 사이에 왕 노릇을 하니 얼마나 좋으냐?"

이 말을 들은 아킬레우스가 말했다.

"죽어서 모든 사람들을 다스리는 것보다 살아서 아무 재산도 없는 사람 밑에서 종살이를 하는 게 더 낫다."

우리 속담에도 '개똥밭에 뒹굴어도 이승이 좋다.'는 말이 있다.

가장 완벽한 능에 잠들고 있는 원성왕이 어쩌면 살아있는 나를 부러워하고 있을지도 모르겠다.

알천 북편 윗동천에 헌덕왕릉이 있다.

경주 시내에서 4번 국도를 따라가다가 분황사 뒤편 구황교를 건너자마자 바로 우회전을 한 후 보문단지로 가는 북천 북로를 따라 약 1km를 가면 좌측으로 우거진 숲이 보인다. 이 숲속에 헌덕왕릉이 있다. 길 아래로 내려가면 바로 주차장이다. 여기서 숲속으로 200m쯤 들어가면 헌덕왕릉에 이르게 된다.

신라 제41대 왕인 헌덕왕의 이름은 언승이다. 조카인 제40대 애장왕을 살해하고 왕위에 올랐다. 아버지는 제38대 원성왕의 큰아들인 혜충태자 인겸이다.

헌덕왕은 왕위에 오르기 전 정치권력을 독점했으므로 귀족들의 반발을 낳아 김헌창의 반란을 야기했다. 원성왕 7년(791)에 제공의 난을 진압하고 원성왕 말년에는 정치적인 기반을 확고하게 갖추었다. 애장왕이 즉위하자 섭정을 하였다. 이어 상대등에 올라 애장왕 대 최고의 실력자가 되었다. 809년에 조카 제륭, 아우 수종과 더불어 난을 일으켜 애장왕을 살해하고, 언승이 왕위에 올라 헌덕왕이 되었다. 조선시대 단종을 살해하고 왕위에 오른 세조와 비슷한 상황이었던 것이다.

헌덕왕 대에는 뚜렷한 정책이나 정치 개혁이 보이지 않는다. 다만 애장왕 당시의 개혁 정치가 그대로 이어졌다. 그러나 왕권 강화에 도전하는 세력의 반발 또한 거세었다. 비록 난을 일으켜 왕위를 쟁취했지만, 헌덕왕은 여전히 반대 세력의 반발에 부딪쳤다. 그 결과 정국은 날로 불안해져 갔으며 빈번한 기근은 그것을 더욱 부채질 하였다. 헌덕왕 6년(814) 서쪽 지방에 큰 홍수가 났고, 이듬해에는 서쪽 변방의 주 · 군에 기근이 들었다. 이후 수년 동안 계속해 기근이 들었으며, 초적(草賊)이 일어나기도 하였다. 816년에는 병력 3만을 보내 당나라에서 일어난 반란의 진압을 도왔다. 822년에는 김헌창이 반란을 일으켰는데, 이를 진압하는 과정에서 살아남은 헌창의 아들 범문도 반란을 일으켰다. 난을 모두 진압한 이듬해인 826년 생을 마감하였다. 『삼국사기』에서는 천림사의 북쪽에 장사지냈다고 하고, 『삼국유사』는 능이 천림촌의 북쪽이라고 하였다. 천림사가 천림촌에 있던 사찰이었을 것으로 보여 두 사서에 기록된 장지는 같은 지역일 것이다.

1990년대까지 헌덕왕릉의 남동쪽 300여m 떨어진 북천 둔치에 폐탑재와 초석 등의 석재가 있었다. 1990년대 이전 필자도 이 석재 등을 본 기억이 있다. 이 석재들은 1991년의 태풍 글래디스 때 일부가 유실되었으며, 남은 석조물들은 현재 국립경주박물관 야외로 옮겼다. 이 석조물이 천림사의 유물일 것으로 추정된다.

그리고 『삼국사기』에 성덕왕 14년에 "거사 이효(理曉)를 불러 임천사(林泉寺)의 못[池] 위에서 비를 빌게 하자 열흘 동안 비가 내렸다"는 기록에 나오는 임천사가 천림사와 같은 사찰일 것으로 학계에서는 추정하고 있다.

좌로부터 시계 방향으로 헌덕왕릉, 분황사 모전석탑의 석사자상,
경주고등학교 정원의 석인상

헌덕왕릉은 굴식돌방무덤으로 십이지상과 석인상 등의 형식을 갖춘 왕릉이었다.

사적으로 지정된 헌덕왕릉의 외형은 흙으로 덮은 원형봉토분이고 매장주체부는 굴식돌방무덤[橫穴式石室墳]이다. 봉분 둘레에는 난간석이 세워져 있다. 이 난간석의 위 아래로는 두 개의 구멍이 있어 이 구멍에 관석(貫石)이 끼워져 있다. 난간석과 호석 사이에 바닥돌을 깔았다. 병풍처럼 돌린 호석의 면석과 면석 사이에는 탱석을 끼워 이를 고정시키고, 그 위로 갑석을 올렸다.

이곳 헌덕왕릉에서는 면석과 탱석의 수가 72개이던 원성왕릉과 전(傳) 경덕왕릉보다 24매를 추가하여 총 96매로 늘렸다. 탱석에는 같은 간격으로 방향에 따라 12지신상을 조각하였는데 12지 중 돼지[亥]·쥐[子]·소[丑]·호랑이[寅]·토끼[卯]등 5개 상만 남아 있고 북천을 면한 쪽 신상은 모두 없어졌다. 능의 동남방으로 흐르는 북천이 1742년(조선 영조 18) 8월 22일에 범람해서 일부가 유실된 것이다. 당시 좌의정 송인명이 영조에게 그 사실을 아뢰었고 경상도관찰사가 수축하였다.

비슷한 시기에 조성된 원성왕릉과 흥덕왕릉에 있는 석사자와 석인상이 이곳 헌덕왕릉에는 없는데 이는 현재 분황사 모전석탑 서편의 석사자상과 경주고등학교 정원에 있는 석인상이 이곳 헌덕왕릉에 있던 것이라는 주장이 있다.

남·서쪽 호석과 난간석의 대부분은 1970년대 경주고도 관광종합 개발계획에 따라 정비·보수함으로써 새롭게 마련된 것이다. 왕릉의 남동쪽에 놓인 상석은 흥덕왕릉의 상석을 모방하여 탁자식 형태로 2007년에 설치한 것이다.

왕릉의 피장자에 대해서는 헌덕왕 외에도 조선시대에는 김유신으로 잘못 기록한 문헌도 남아 있으며 최근에는 진평왕으로 추정한 견해도 있다.

최근 외신보도에 의하면 인공지능(AI) 신경망을 활용하여 BC. 6세기부터 3세기까지 러시아 남부 초원지대에서 활동했던 기마민족인 스키타이인의 무덤을 찾아내는 데 성공했다고 한다. 우리 고고학계에도 이를 참고하여 왕릉의 피장자를 확인하면 어떨까?

해상권을 장악한 흥덕(興德)왕, 왕비와 함께한 명당

사적 제30호

소재지: 경상북도 경주시 안강읍 육통리 산 42번지
(경상북도 경주시 안강읍 육통길 190-26)

이 왕릉은 원성왕의 손자이며 헌덕왕의 동생인, 신라 제42대 흥덕왕(興德王, 재위 826~836, 김수종/ 김경휘)을 모신 곳으로 왕은 836년 12월에 임종하였다. 삼국유사(三國遺事) 왕력편(王曆編)에 '능은 안강 북쪽 비화양(比火壤)에 있는데 왕비 장화부인(章花夫人)과 함께 매장

돌사자

하였다.'고 하였다.

왕은 즉위하면서 애장왕대로부터 이어지는 정치개혁을 시도하였는데 골품제의 규정을 강화하여 신분을 엄격히 구분하였고 당나라에서 차(茶)를 들여와 재배하도록 하였으며, 지금의 전남 완도에 청해진(淸海鎭)을 두고 장보고(張保皐)를 대사로 삼아 해상권을 장악하여 해적의 침탈을 막는 등 국정의 안정에 힘썼다.

능의 규모는 밑 둘레 65m, 지름 22.2m, 높이 6.4m이며 능의 둘레에 호석(護石)에 십이지신상(十二支神像)을 새겼고 그 주위로 돌난간을 둘렀다. 봉분의 네 모서리에는 돌사자(石獅子)를 배치하였으며, 봉분 남서쪽에는 능비를 세웠던 귀부(龜趺)가 놓여 있다. 상석 전면에 화표석 2기 무인석 2기 문인석 2기가 대칭형으로 배치되었는데, 문인석(文人石)은 머리에 관모를 쓰고 양손을 모아 홀(笏)을 쥔 형상이며, 무인석(武人石)은 한 손에 무기를 쥔 서역인(西域人) 모습을 하고 있다.

1977년 국립경주박물관 사적관리사무소의 발굴조사 때 상당수의 비편(碑片)이 출토되었으며, 이보다 앞서 '흥덕(興德)'이라 새긴 비의 조각이 나와 흥덕왕의 무덤임이 밝혀졌다. 무덤 앞 왼쪽에는

능비를 받치던 돌거북

서역인 모습의 무기를 든 무인석

관모를 쓰고 홀(笏)을 쥔 문인석

비석을 세웠는데 지금은 비석을 받쳤던 거북모양의 받침돌만 손상된 채 남아있다. 능은 당시의 둘레돌과 십이지신상 양식의 변천과정을 잘 보여주고 있다.

흥덕왕릉은 무덤의 주인이 확실하게 밝혀진 능이다. 신라 56개 왕릉 중에서 이렇듯 밝혀진 곳은 선덕여왕릉, 무열왕릉, 문무왕릉, 성덕왕릉, 원성왕릉, 헌덕왕릉, 흥덕왕릉, 경순왕릉의 8기에 불과하다. 거기다 흥덕왕릉은 능의 양식이 가장 잘 보존된 곳으로 원성왕릉(괘릉)과 쌍벽을 이룬다.

흥덕왕릉의 십이지신석은 북쪽의 자상(子像: 쥐) 남쪽의 오상(午像: 말)을 기준으로 하여 각가 방위에 따라 배열되어 12방향을 수호하고 있다. 복장을 모두 무복(武服)을 입고 양손 혹은 한 손에 무기를 들고 있다.

다양한 곡선의 흥덕왕릉 소나무 숲

흥덕왕릉은 안강읍 북쪽에 있는 어래산이 남동쪽으로 흘러내린

왕릉 뒤의 어래산과 안강 벌

구릉의 끝부분 경사면에 위치하며, 읍 소재지에서 북서쪽으로 5km 정도 떨어진 육통마을 뒷산에 있다. 기계 방면의 황새마을을 향해 중간쯤 가다 보면 왼편으로 돌기둥이 흥덕왕릉 입구를 알리는 표지석이다. 그 길을 따라 어래산 쪽으로 계속 가면 왕릉이다.

요즘은 대구 가는 길 산대리 안강 운동장 옆길을 따라가면 쉽게 왕릉에 갈 수 있다. 어느 길이던 승용차로 가면 읍소재지에서 10분이 채 안 걸린다.

이곳은 그리 높지 않은 곳이지만 앞으로 넓은 안강들을 조망하는 경관이 수려한데, 능 주위에는 다양하고 조화로운 곡선이 매력 있는 '안강형 소나무 숲'으로 유명하여 화가들과 특히 사진작가들이 많이 찾아온다. 먼저 간 왕비를 그리며 홀로 지낸 왕과 왕비의 앵무새 이야기를 떠올리면서 능 둘레에 깔린 박석을 밟으며 호석 사이에 일정한 간격으로 배치된 이끼 낀 십이지신상을 살피고 난간석 기둥을 헤아리다 보면, 어느새 능 앞의 상석에 이르게 된다. 옛사람들은 상석 위를 돌멩이로 문지르면서 정성을 다해 소원을 빌었다고 한다.

능은 해발 571.2m 어래산(魚來山)을 병풍처럼 뒤로 두르고 앞으로 넓은 안강들과 형산강을 바라보는 배산임수(背山臨水)의 빼어난 명당(明堂)에 자리하고 있다.

어래산은 용이 되지 못한 이무기가 변한 꽝철〈강철, 깡철〉이가 때때로 날아온다는 뜻을 가진 산이다. 동해 바다(포항쪽)에서 어래산 위로 꽝철이 날아오면〈魚來: 어래〉 흉년이 든다는 전설이 있어, 가뭄이 심하면 산꼭대기에 올라가서 기우제를 지냈던 안강의 배산(背山)이다.

여름밤 어래산 자락 모깃불 옆에서 듣던, '꽝철이는 입이 크고 둥글고 시커먼 몸통에 긴 꼬리가 달린 올챙이나 메기같은 모습에, 수염이 넷, 눈이 네 개이고 짧은 다리도 네 개가 있어서 땅을 빠르게 기어다니며, 맹렬한 열기로 산천초목을 모두 말려버린다고 해서 화(火)속성이라고 흔히 알려져 있는데, 우박을 동반한 폭풍을 일으킨다거나 호우(豪雨)로 농사를 망친다는 말이 있단다'. 이로 보아 특정 속성에 구애되는 것이 아니라 농사를 망치는 온갖 재해들 그 자체가 형상화된 존재로, "강철이 간 데는 가을도 봄"이라는 속담도 남아있다.

왕릉이 있는 비화양(比火壤)은 신라시대 '비화벌'이라 부르다가 경덕왕대에 안강이라고 이름을 고쳐 부른 고장이다. '비화'란 말의 뜻은 넓고 환한 들〈比火, 비벌〉이라는데 왕릉에서 남쪽을 바라보면 동해안에서 가장 넓은 안강벌 저 멀리 경주가 아련하게 보인다. 안강에서 경주까지는 형산강지구대로 이어져, 경주에서 북으로 흘러 영일만으로 들어가는 형산강을 따라 약 20km 드넓은 벌판이 펼쳐져 있는 서라벌의 북방 관문이다. 이 지역은 청동기시대의 지석묘가 산재하며, 왕릉을 축조하고 능 앞에 만들었다는 연못은 메워졌으나 '제하(堤下: 육통2리) 마을'이라는 이름에 남았는데 동쪽 가까이 신라시대 창고가 있던 양월리(창마을) 토성〈龜城: 구성〉이 도드라져 있다.

서쪽 산 넘어 신라 정혜사지에 13층 탑이 남아있고 남서쪽 비장산(臂長山) 깊은 골에는 원광법사가 수도하던 금곡사에 법사의 부도탑이 있고, 무릉산 아래 근계리 석불과 갑산사(甲山寺) 마을과 백제 군사들이 숨었다던 마미산(馬尾山)과 말에 물을 먹였던 마미지(馬尾池)를 둘러볼 수 있다.

정혜사지 13층 탑

왕릉 주면 육통리에는 신라시대 고분이 산재하고 가까운 노당리에 대대로 내려오는 이름난 기와공장이 있으니 예전에 토기와 옹기 굽던 자취의 물림이다.

어린시절 봄소풍이며 나들이 때 빠짐없이 돌아보던 왕릉의 기운을 이 고장 모두가 흠뻑 받았기에, 임란(壬亂) 수 많은 의병 창의(倡義)와 6.26 전란을 어래산과 안강들에서 이겨내었고 오늘 해 · 공군 참모총장 및 군장성 12명〈별24개〉 배출의 기개를 이루었으며(興), 조선 성리학(德)의 중심지로 우뚝서게 되어 세계 문화유산으로 기리는 고장이 된 것이다.

왕은 스스로 왕비와 함께 어래산 산록에 묻히기를 원하여 왕도에서 왕실의 선산(先山)인 이곳을 주목하게 하였다. 왕능 일대는 여러차례 격전장(激戰場)이 되기도 하였으나, 어래산 꽝철[고난]이를 물리치고 버들가지에 뜬 달을 즐기도록 안강을 더욱 흥(興德)하고 편안(안강)하게 한 기운의 발원지가 바로 흥덕왕릉이라 하더라도 싫다고 할 이 고장 사람은 없을 것이다.

태자(太子)없는 공산(空山)에 힘센 자 먼저 왕의 깃발을 꽂았으니 - 희강왕(僖康王)

권력은 피보다 진했다

836년 12월, 신라 42대 흥덕왕이 후사(後嗣)없이 사망했다. 태자가 없는 왕궁엔 골육상쟁의 피바람이 불어 닥쳤다.

흥덕왕의 말년 즈음 상대등은 흥덕왕의 사촌인 김균정이, 그리고 시중은 흥덕왕의 동생인 김충공의 아들인 김명이었다. 흥덕왕의 친조카인 김명은 상대등인 김균정과는 5촌 숙질간으로 친족간이다.

왕위쟁탈의 당사자인 김균정과 김제륭은 삼촌과 조카 사이이다.

먼저 김균정이 아들 김우징과 매제(妹弟)인 김예징, 무열왕계의 후손인 김양 등의 지지에 힘입어 병사들의 호위를 받으며 왕궁을 점거하고 왕이 되었음을 선언한다.

하지만 김균정과는 숙질간인 조카 김제륭은 시중 김명과 아찬 이홍, 배훤백 등이 이끄는 군대의 도움으로 적판궁을 에워싸고 김균정 일파와 피비린내 나는 왕위쟁탈의 일전을 치르게 된다. 여기에서 김균정은 살해되고 김양은 다리에 화살을 맞게 되면서 김우징과 간신히 도망을 가게 된다. 싸움에서 이긴 김제륭이 왕위에 오르니 43대 희강왕이다. 희강왕은 김명을 상대등에 이홍을 시중에 임명하였다.

이 후 838년 1월, 왕위에 야심을 가진 상대등 김명이 이홍과 함께 군사를 일으켜 왕의 좌우 측근을 살해하자 생명을 보전치 못할 것을 알고 왕은 궁중에서 목을 매 자결한다. 삼촌과의 왕위쟁탈전에 이겨 왕이 된지 겨우 1년 1개월 만이다. 재위 기간이 너무 짧아 이렇다 할 업적은 쌓지 못하였다.

『삼국사기』에 이르기를 시호는 희강(僖康)이고 소산(蘇山)에 장사 지냈다 한다.

그런데, 살기 가득한 전쟁터에 뛰어들어 비참하게 죽은 왕의 시호에 기쁠 희[僖]는 뭐고 편안할 강[康]은 또 뭔고?

업보의 탓이련가 초라한 왕릉

희강왕릉의 소재지는 경주시 내남면 망성리에 있다. 무열왕릉 앞을 지나 영천방향으로 1km 정도 가다 보면 처음으로 만나는 효현교가 끝나는 지점에서 왼쪽으로 급하게 꺾어 들어간다. 율동마을회관을 지나 좀 더 들어가다 보면 눈앞에 보이는 야트막한 산에 왕릉이 있다. 내비게이션에 '율동지윗길 49-2'를 입력하면 쉽게 갈 수 있다.

왕릉은 이 산의 동쪽에 치우진 곳의 정상에서 약간 아래쪽의 비탈진 면을 깎아 평지를 만들어 봉분 높이 약 3.4m 지름은 약 14m로 조성한 원형봉토분이다. 일반 무덤보다 좀 클 뿐 별다른 특징이 없어 왕릉이 맞는가 의구심이 많이 든다. 아무런 석물이 없는 무덤으로 후세에 세운 희강왕릉의 표석과 왕릉 안내판만이 서 있을 뿐이다.

김씨 일족에 의해 조선 영조6년(1730)에 비정되었다는 이 왕릉은

신라43대 희강왕릉

규모면으로도 여타의 신라 왕릉에 비해 아주 초라해 보인다. 따라서 신라왕릉으로 보기가 어렵다는 견해도 있다.

대구은행의 사외보인 『신라왕릉』의 유의건의 「나릉진안설」의 내용 중 일부.

> "두릉동에서도 1기의 왕릉이 확인되어 희강왕릉으로 하였다. 《신증동국여지승람》 등의 사서에서 말하기를 희강왕릉은 소산의 북쪽에 있다고 하였으나 이곳에 소산이라 일컫는 산은 예전부터 없었다. 즉 그것을 일러 희강왕릉이라 하는 것은 역시 아닌 것이다."

여기서 두릉동은 현 내남면 망성리에 있는 두릉마을이다.

청정한 목탁소리는 세상을 정화한다.

골육상잔(骨肉相殘), 국어사전에 보면 '혈육 사이에 서로 해하고 죽이고 함'이라 되어 있다.

신라 하대(下代)의 왕위 쟁탈전을 보면 골육상잔의 말 그대로다. 비슷한 말에 골육상쟁도 있다. 권력이 뭔지, 숙부가 조카를 내쫓고, 또 조카가 숙부를 상대로 군사를 일으키고, 형제들끼리 일전을 불사하고, 모두 신라 하대에 벌어진 '나 살고 너 죽자'식이다. 가지 많은 나무의 시련이련가. 그런 와중에 국운은 기울어져 갔으니.

산사에서 울리는 청정한 목탁소리가 세상을 정화하듯이 목탁과 같은 인물이 나타나 세상을 바로 인도해야지…….

칼춤 추다 칼날에 쓰러져 간 임금, 민애왕

신하들이 예를 갖추어 장사 지냈다는데…

『삼국사기』「신라본기」'민애왕조'에 의하면 병사들에 의해 시해당한 왕을 "신하들이 예를 갖추어 장사 지냈다[羣臣以禮葬之]"고 기록

형식과 격식을 갖춘 제44대 전 민애왕릉

되어 있다. 사기에 기록된 장례관련 내용의 전부다. 왕릉을 조성하긴 한 것으로 보이는데 그 장지가 어딘지에 대한 기록은 없다.

그 이후 조선후기까지 민애왕의 능에 대한 기록은 보이지 않는다. 그러다 1933년에 나온 『동경통지』부터 기록이 등장하는데 아마 그 전 어느 시기에 민애왕릉으로 뒤늦게 비정된 것으로 보인다.

이 왕릉은 희강왕릉과 인접해 있는데 조그만 고갯길에 다다르면 안내 이정표 두 개가 서로 반대 방향을 가리키고 있다. 하나는 희강왕릉, 다른 하나는 민애왕릉으로 이정과 방향을 가르쳐 준다. 민애왕릉은 여기서 150m라고 한다.

눈앞에 나타나는 능은 신문왕릉 둘레의 호석 모양과 비슷한 모습이라 왕릉 같은 느낌을 준다. 희강왕릉과는 비교가 되지 않는 모습을 보여준다.

산정의 경사진 지형을 깎아내어 평지를 마련 후 왕릉을 조영하였다. 능의 높이는 약 4m, 지름은 약 12m로 원형봉토분이다. 봉분 아래쪽으로는 3단의 벽돌모양 호석으로 감아 에워싸고 갑석을 얹었다. 반육각형 지주석 20개로 호석을 받쳐주고 있다. 바닥면에 판석 2장을 가로로 잇대어 만든 상석이 놓여 있다.

주인이 맞는가, 전 민애왕릉(傳 閔哀王陵)

민애왕은 우징의 군사와 맞붙었을 때 왕은 서쪽 교외에 있던 월유의 집에 숨어 있다 붙잡혀 죽었다고 한다. 신하들이 예를 갖추어 장례 지냈다 하는데 그때 조영된 왕릉이 이 왕릉인지 현재로서는 알 수가 없다.

의문의 여러 이유 중 확연히 보이는 것 중 하나가 1984년 왕릉 수리공사 때 당나라연호인 '원화십년(元和十年)'이라 새겨진 뼈단지가 발견된 것이다. 원화10년은 815년인데 민애왕이 죽은 건 839년이니 신뢰가 가지 않는다는 것이다.

이근직은 그의 저서 『신라왕릉연구』에서 현 민애왕릉을 애장왕릉으로, 김용성은 그의 논문 「신라왕릉의 새로운 비정」(김용성·강재현)에서 혜공왕릉으로 보기도 한다.

그러면 민애왕릉은 어디에 있다는 것일까? 이근직은 그의 저서에서 '구정동방형분'을 민애왕릉으로 추정하고 있다.

같은 배를 탔으나 도착하니 갈 길이 달랐네

민애왕의 성은 김(金), 이름은 명(明), 즉 '김명'이다.

흥덕왕이 836년 음력 12월에 후사 없이 승하하자 신라의 왕실에는 피바람의 회오리가 몰아친다. 흥덕왕의 사촌인 균정과 그 균정의 조카인 제륭이 왕위를 놓고 삼촌과 조카간에 일전을 벌이게 되는데 시중의 자리에 있던 김명, 그리고 이홍 등은 제륭의 편에 서게 된다.

이들의 왕위쟁탈전에서 제륭편이 이기게 되고 제륭은 왕위에 올라 43대 희강왕이 되는데 이런 일련의 사태의 공으로 김명은 상대등에 임명되어 실질적인 최고 권력자가 된다. 여기까지는 희강왕이 된 제륭과 후에 민애왕이 되는 김명과의 관계는 수어지교(水魚之交)요 군신수어(君臣水魚)였다. 그러나 제륭이 왕이 되자 두 사람 간에는 수어지교가 동상이몽(同床異夢)으로 변할 줄이야.

김명은 스무 살의 젊은 나이에 상대등이 되었다. 나라살림과 실권이 모두 그에게로 쏟아졌으리라. 거칠 것이 없는 김명의 위세에 눌렸음직한 희강왕은 제대로 된 왕권도 휘둘러보지 못하고 처남인 김명의 눈치를 살폈겠지.

희강왕의 비는 김충공의 딸인 문목부인이다. 문목부인은 김명의 누이이니 희강왕 제륭과 김명은 처남남매간이면서 또한 6촌간이기도 하다.

김명의 아버지인 김충공의 형제는 4명인데 형(兄) 3명은 왕이 되었는데 39대 소성왕, 41대 헌덕왕, 42대 흥덕왕이 그들이다. 아버지 김충공 혼자만이 왕이 되지 못한 채 죽었다. 이를 애석히 여겼음인가, 김명은 자신이 왕위에 오르겠다는 야심을 가졌을지도 모른다.

실질적인 최고 권력자의 자리를 차지한 상대등 김명은 배신의 칼을 잡고 왕위를 넘보게 된다. 시중 이홍을 끌어들여 838년 음력 정월에 군사를 동원 또 다시 피비린내 나는 왕위쟁탈전을 벌이게 되는데, 왕의 최측근부터 죽이기 시작하니 판세를 본 희강왕이 자신도 무사하지 못할 것을 생각했는지 스스로 목을 매어 죽게 된다. 재위 1년1개월 만이다.

이로써 김명은 왕위에 오르게 되는데 이가 바로 민애왕이다.

권력을 잡으려니 혈족도 인척도 한낱 쳐부수어야 할 원수로 밖에 보이지 않았던가! 찬탈의 결과는 오래가지 못했고 업보에 따른 새로운 역사가 기다리고 있었다.

배신의 결과가 가져온 민애왕의 몰락

앞서 흥덕왕 사후 벌어진 균정과 제륭의 왕위쟁탈전에서 균정세력이 패했다. 균정은 반란군에 살해되었고 그의 아들 우징은 가족과 함께 청해진으로 건너가 장보고에게 의탁하는 신세가 되었다. 후에 일파였던 균정의 매제인 김예징, 아찬 김양순, 그리고 군사를 모아 청해진으로 들어온 김양(金陽)도 합류하게 되니 청해진은 장보고의 도움으로 균정의 아들 우징세력의 재집결 장소가 되었다.

이때 김명이 스스로 옹립한 희강왕을 몰아내고 민애왕이 되었다는 소식을 접한 우징은 명분이 없는 왕위 찬탈이었다는 점에서 김명 즉 민애왕을 몰아낼 기회가 왔다는 생각을 갖게 된다.

이에 우징은 장보고에게 제의한다. 청해진의 군사를 내어준다면 아버지의 원수를 갚고 싶다는 생각과 함께 성공한다면 장보고를 왕가에 준하는 대우를 하겠다고. 그리고 장보고의 딸을 왕비로 삼겠다고.

사실 장보고는 지역의 세력가 일뿐 진골도 아니라서 높은 자리에 오를 수 없는 처지였다. 장보고는 이 기회를 이용하여 진골귀족과 어깨를 나란히 할 수 있는 기회라 생각하고 우징의 제의를 받아들이게 되면서 군사 5,000명을 내 주게 된다.

김양이 총사령관이 되어 838년 12월에 서라벌을 평정하러 떠난다.

무주군 철야현(지금의 나주시 봉황면 일대)에서 왕의 군대와 첫 전투를 치르게 되고 결과는 청해진군대의 대승이었다. 이듬해 1월 달벌(대구)에 이른 김양의 청해진군대는 민애왕의 군대와 두 번째 전투를 치르게 되는데 여기서도 왕의 군대는 패해 군사의 절반가량을 잃게 되고 군사는 흩어졌다. 왕경의 서쪽 교외에 있던 민애왕은 월유택(月遊宅)으로 도망쳤으나 김양의 군사들에게 발각되어 죽임을 당하게 되면서 민애왕도 역사의 뒤안길로 사라지게 된다. 역시 재위 1년 1개월 만이다. 칼춤 추다 칼날에 쓰러져 간 꼴이다. 인생은 일장춘몽인가, 빛에는 늘 그림자가 따르는 법, 이때 민애왕인 김명의 나이는 23살이었다.

와신상담 청해진 3년, 재위 7개월, 신무왕릉

사적 (1969. 8. 27), 11,858 ㎡

소재지: 경상북도 경주시 동방동 660번지

와신상담(臥薪嘗膽) 끝에 재위에 올라, 붕정만리(鵬程萬里)였으나 항룡유회(亢龍有悔)한 신무왕의 무덤은 소박하다.

신문왕릉 남동쪽 약 1km 경주~울산 국도 동쪽 약 400m의 후곡길(명활산 남쪽 횡단도로)에서 내려다보이는 마을 뒤꼍 나지막한 언덕에 높이 3.4m 지름 15m로 둥글게 흙을 쌓은 둘레에 아무런 시설이 없어, 친근한 이웃사촌 같은 아담한 무덤이 신라 제45대 신무왕(재위 839.1~839.7.23)릉이다.

신무왕의 본명은 김우징(金祐徵)이고 원성왕(元聖王)의 셋째 아들인 김예영(金禮英)의 손자로, 아버지는 김균정(金均貞)이다. 그는 헌덕왕 14년(822) 3월에 김헌창(金憲昌)의 반란이 일어나자, 대아찬(大阿飡)으로서 아버지 김균정과 함께 진압군으로 참전하여 공을 세웠다.

이후 흥덕왕대에 시중(侍中)의 벼슬에 올랐는데, 흥덕왕이 후사 없이 사망하자 자신의 아버지를 왕으로 옹립하려 하였으나, 김충공(金忠恭)의 아들 김명(金明)의 지지를 받은 사촌형 희강왕(僖康王)과의 결전에서 패배하자, 멀리 피신하여 청해진(淸海鎭) 대사(大使) 장보고(張保皐)에게 몸을 의탁하였다.

약 3년 후 839년 4월, 장보고의 도움을 받아 민애왕을 무너뜨리고 마침내 왕위에 올랐으나, 왕위 쟁탈 과정의 치열한 전투에 대한 트라우마에 시달렸던 듯, 전투 중 등에 활을 맞는 악몽을 꾼 뒤에 등 뒤에 종기가 나서 재위 7개월 만에 별다른 업적 없이 병으로 사망했다.

그가 죽자 맏아들 문성왕(文聖王, 김경응)이 왕위를 이었는데, 사망한 왕의 시호를 신무(神武)라 하고 '제형산 서북쪽에 장사지냈다'는 『삼국사기』의 기록과 민간에 전해오는 말을 근거로 이곳을 신무왕의 무덤으로 지정하였다.

그러나 이곳을 신무왕릉으로 보기 어렵다는 견해가 있으며 현재의 김유신묘(金庾信墓)나 진덕여왕릉(眞德女王陵)이 신무왕릉이라는 주장도 있다.

한편 조선시대의 명문(名門)인 광산김씨(光山金氏) 문중에서 신문왕의 셋째 아들인 김흥광(金興光)을 시조로 모시고 있어 신무왕의 혈맥이 조선시대 이후에 크게 번성하고 있다.

문성왕릉은 선도산 동쪽으로 뻗어 내린 구릉에 있다.

진흥·진지왕릉 아래에 문성왕(文聖王)릉이 있다.

경주 시외터미널에서 대경로로 가다 서악서원에서 서악 4길을 따라 올라가면 서악리 3층석탑 맞은편 진흥왕(24대)·진지왕(25대)릉 아래에 문성왕(46대)릉과 헌안왕(47대)릉을 찾을 수 있다. 여기가 경주시 서악동 산 92-1번지이다.

『삼국사기』「신라본기」에 문성왕은 857년 '숙부인 의정에게 왕위를 계승시킨다는 유조(遺詔: 임금의 유언)를 내리고 7일후 승하하였으며,

260여 년 전 선대왕릉 아래에 있는 문성왕릉

경주 공작지(孔雀趾)에 장사지냈다.'는 기록이 있다.

공작지의 위치는 정확히 알 수 없으나, 선도산에서 동쪽으로 뻗어 내린 구릉 말단부에 헌안왕릉과 함께 있는데 『승정원일기(承政院日記)』의 조선정조 16년 「경상도관찰사 보고문」에 '진흥왕릉, 진지왕릉, 문성왕릉, 헌안왕릉이 같은 언덕위에 있다.'라는 기록이 있다. 실제 문성왕릉은 헌안왕릉 오른쪽으로 조금 빗겨 위에 진흥왕릉, 진지왕릉 아래에 있다.

현재 학계에서는 남향(南向)의 석실분(石室墳)으로 추정하고 있으며 왕릉의 크기는 높이 9m, 지름 52m, 봉토자락에서 2.5m 되는 지점에 드문드문 자연석의 호석들이 보인다.

왕실내 권력투쟁이 혼란한 시대의 문성왕

신라 제46대 문성왕(?~857년, 재위 839년~857년, 재위기간 18년)은 흥덕왕 이후 왕위 계승 투쟁에서 승리한 신무왕이 병으로 반 년 만에 죽자, 그 뒤를 이어 왕위에 올랐다.

성은 김씨(金氏), 이름은 경응(慶應)이다. 신무왕(神武王)의 태자이며, 어머니는 정계부인(貞繼夫人 또는 定宗太后, 貞從太后)이다.

첫째 부인은 이찬(伊飡) 김양(金陽)의 딸 소명왕후(昭明王后)이며, 둘째 부인은 흔명부인(昕明夫人) 박 씨로, 이찬 위흔(魏昕)의 딸이다.

『삼국사기』 「신라본기」에 841년 김운경을 사자로 보내 당의 무종(武宗)이 문성왕을 '개부의동삼사(開府儀同三司) 검교태위(檢校太尉) 사시절대도독(四時節大都督) 계림주제군사(鷄林州諸軍使) 겸(兼) 지절충영해군사(持節充寧海軍使) 상주국(上柱國) 신라왕(新羅王)'으로 책봉하였고, 아울러 왕비 박 씨를 책봉했다고 적고 있다.

우리는 여기서 당나라가 지정한 문성왕의 호칭에서 '계림주제군사 겸 지절충영해군사'로 계림지역과 영해지역이 신라의 영토로 지정하고 있다는데 주목할 필요가 있다.

『삼국사기』에 문성왕 이후에는 영해군사라는 말이 없다. 그 당시 영해는 중국 하북성(河北省) 동부지역을 말하는 것으로 신라는 이때까지 하북성 일대를 그 영토로 하였음을 알 수 있으며, 장보고의 청해진도 이곳까지를 관장하였다고 본다.

또한 청해진 폐지로 신라의 영토 변화가 생겼을 수 있다고 짐작해 볼 수도 있다.

문성왕은 재위 18년간 왕권의 회복과 국가의 안정을 위해 아버지 신무왕의 즉위 시 공신들의 직책을 높여주고 중용하였으며, 적이 되었던 민애왕계를 사면하는 등 융화적인 정책들을 펼쳤다.

또한 장보고 사후 청해신을 폐지하고 민가를 벽골군(碧骨郡)으로 이주시키는 등 왕권의 회복을 위해 애썼으나 크고 작은 반란들의 소용돌이 속에서 두드러진 치적을 쌓지 못하고 857년 9월 7일 승하하였다.

그러나 문성왕은 847년(문성왕 9년) 평의전(平議殿)과 임해전(臨海殿)을 중수하였으며, 불교진흥에도 관심을 가졌다.

851년 당나라에 갔던 사신 아찬 원홍(元弘)이 불경(佛經)과 부처의 치아를 가지고 왔으므로 왕이 교외에 나가 맞이할 정도였다.

크고 작은 반란에 맞선 문성왕

부왕인 신무왕이 6개월도 안 되어 승하하자, 부왕의 왕위쟁탈 과정에서 발생한 많은 문제들을 안고 즉위했다. 즉위 초에 신무왕을 도운 귀족세력인 장보고(張保皐)를 진해장군, 예징을 상대등, 김양을 병부령에 임명했다. 그러나 이와 같은 귀족세력은 왕권을 제약하는 요소로 작용해 그의 재위기간 중 모반사건이 자주 일어났다.

『삼국사기』, 『삼국유사』 등에 관련 기록들을 보면, 841년 일길찬 홍필(弘弼)이 반란을 일으켰으나 모반이 사전에 발각되어 홍필은 섬으로 도주하였고, 846년에는 장보고가 자기 딸을 왕비로 삼게 하려다가 실패한 데 반발해 반란을 일으켰다. 이에 무주 사람 염장(閻長)이 간계로 장보고를 참하여 진압하였다.

또 847년에는 이찬 양순(良順)과 파진찬 흥종(興宗)의 반란이 있었으나 진압하였고, 849년에는 이찬 김식(金式), 대흔(大昕) 등이 반란을 일으켰다가 처형당했다.

이와 같은 여러 반란들은 왕권에 비해 귀족들의 세력이 강해진 현상으로 보아지며, 특히 신라에 있는 골품제도의 폐단도 한몫을 했다고 추정해 볼 수 있다.

지방 호족세력의 불만을 회유하고 농사를 권장한 헌안왕

선도산 남쪽 끝자락에 있는 헌안왕릉

온 들판이 모내기로 이양기 돌아가는 소리가 정겨운 6월 초 헌안왕(憲安王, 신라 제47대, 857년~861년)릉을 찾았다.

이 능은 자연석으로 만든 둘레돌의 일부가 표면에 드러나 있고 선도산에서 남쪽으로 뻗어 내린 구릉의 끝자락에 있다.

『삼국사기』에 왕이 사망한 후 공작지(孔雀趾)에 장사지냈다고 하였으나, 공작지의 위치는 지금 알 수 없다.

자연석의 호석이 보이는 헌안왕릉

왕릉의 위치 지정은 조선 영조6(1730)년 이후 전칭되어 왔으며, 「승정원일기」에 따르면 정조16(1792)년 경상도관찰사 보고문에 "진흥왕릉, 진지왕릉, 문성왕릉, 헌안왕릉이 같은 언덕위에 있다."는 기록이 있다. 1960년 정부에서 대한민국의 사적 제179호로 지정하였다.

헌안왕릉은 경상북도 경주시 서악지구 선도산 자락의 왕릉 밀집 지역 맨 아래에 있으며, 높이 10m, 지름 50.9m, 봉토자락에서 2m 높이에 경사지게 세워진 자연석이 드문드문 보인다. 500m 거리에 무열왕릉, 서악동 고분군이 있다.

조카인 문성왕의 유언에 따라 왕위에 오른 헌안왕

신라 제47대 헌안왕의 성은 김씨(金氏), 이름은 의정(誼靖) 혹은 우정(祐靖)이다. 아버지는 김균정(金均貞[후에 성덕왕(成德王)으로 추봉]이고, 어머니는 충공(忠恭)의 딸 조명부인(照明夫人, 昕明夫人) 김 씨이다. 조카 문성왕의 유언에 의해 왕위에 올랐다.

제45대 신무왕 김우징의 이복동생이자 이종사촌 동생이고, 제46대 문성왕에게는 숙부이며 제48대 경문왕의 장인이자 헌강왕, 정강왕, 진성여왕의 외조부이다.

헌안왕은 문성왕(文聖王) 즉위 시 병부령을 맡았고, 이어 시중 벼슬을 지내다가 849년 상대등(上大等)이 되었다.

신라 제42대 흥덕왕(626~836)이 후사 없이 죽었을 때 김제륭(金悌隆, 신라 제43대 희강왕)과 김균정(金均貞, 45대 신무왕(神武王)과 47대 헌안왕(憲安王)의 아버지) 사이에 발생했던 선대의 왕위 계승 분쟁 때에는 당나라에 사신으로 가 있어 파벌의 직접적인 영향을 덜 받았다.

흥덕왕 때부터 문성왕에 이르기까지 나타났던 왕실 친족 내부의 치열했던 권력 투쟁이 어느 정도 마무리된 후 왕위에 올라 큰 이변 없이 정책을 펼 수 있었다.

860년 9월, 군신과의 연회 시에 왕족 김응렴(金膺廉, 훗날 신라 경문왕)을 등용하여, 장녀를 시집을 보냈다. 3개월 후, 재위 5년째인 861년 1월에 병으로 쓰러지고 뒤를 잇게 하는 남자가 없었기 때문에 1월 23일에 사위 김응렴에게 왕위를 선위하고, 1월 29일에 사망했다.

불교친화정책과 농사장려정책을 편 헌안왕

『삼국사기(三國史記)』, 『삼국유사(三國遺事)』 등의 관련 기록에 의하면 불교친화정책으로 지방 세력의 불만을 회유하면서 원만한 재위기간을 보냈다.

즉위하기 전부터 불교 신앙이 깊어서, 성주사(聖住寺) 시주인 낭혜화상(朗慧和尙) 무염(無染)의 제자를 자처했고, 즉위한 뒤에도 수시로 자문을 받고 불교를 통치의 기본 이념으로 삼고자 했다.

사위인 응렴(膺廉)을 맞을 때에도 흥륜사(興輪寺)의 승려에게서 조언을 들었다고 전한다. 그는 또한 무주(武州) 보림사(寶林寺)의 선승(禪僧)인 체징(體澄)을 후원하여 859년에 가지산문(迦智山門)을 개창하도록 했다.

중앙에서 파견된 지방관과 왕경의 진골귀족(眞骨貴族)이 가지산문을 후원하는 가운데 이루어지는 종교적 교화를 통해 그들의 불만을 회유하려 했던 듯하다.

즉위한 해에 가뭄이 들고 기근이 발생하였으며, 858년 4월에 늦서리, 5월부터 7월에 걸쳐 기후가 안 좋아서 859년 봄에는 곡물의 가격이 상승해, 국민이 굶주리게 되었다.

구제를 하기 위해서 왕은 각지에 사자(使者)를 파견해, 곡물을 나누어 주었다. 동년 4월에는 제방을 수축해 농업 진흥에 노력했다.

헌안왕에 대한 뒷이야기들

신라 제46대 문성왕은 태자가 있었는데 폐위되었으며, 「신라경순왕전비문(新羅敬順王殿碑文)[12]」에서는 문성왕에게 김안(金安)이라는 아들['23세 문성왕(二十三世 文聖王) 24세 안(二十四世 安)']도 있었다고 하는데 왕이 죽을 때 유언으로 숙부인 헌안왕을 후계자로 추대했고, 각간의 벼슬에 있었던 헌안왕이 왕위에 올랐다.

이는 헌안왕과 그의 사위 김응렴[훗날 경문왕(景文王)]의 아버지인 김계명과 손을 잡고 문성왕 대의 권력을 장악했으며, 사후 김응렴에게 왕위계승을 약속했을 가능성도 배제하기 어렵다는 필자의 생각을 첨부해 본다.

아들은 없고 성씨를 알 수 없는 왕비에게서 본 두 딸만 있었는데

---

12 위치: 경기도 연천군 장남면 고랑포리
건립연대: 영조23년(1747년)
비 건립: 경헌대부 예조판서 겸 지의금부사 경연 춘추관사 홍문관제학 강릉 김계락(金啓洛) 글을 짓고, 가선대부 예조참판 겸 동지경영 성균관사 김노경(金魯敬) 글을 쓰다.

사망 기사를 보면 과거 선덕여왕과 진덕여왕 두 여왕이 있었으므로 딸을 여왕으로 올리자는 여론도 있었던 것으로 보이지만 이는 헌안왕이 유교적 관점에 의하면 잘못된 것이므로 본받을 수 없다고 하여 두 딸을 경문왕에게 시집을 보내 그가 왕족이자 사위로서 왕위를 잇도록 했다.

이는 통일신라 사회 내에서 여왕이 이론적으로는 즉위가 가능하지만 한편으로는 여성의 왕위 계승을 부정적으로 보는 시각도 상당히 존재했다는 의미이기도 하다.

『삼국사기』 기록에는 제사를 지내고, 큰 물고기가 잡혔으며 제방을 수리했다는 기록이 있다.

헌안왕이 후궁인 빈어(嬪御)에게서 궁예[(弓裔), 후고구려의 시조, 생애(?~918), 활동시기(901~918)]를 보았다는 설도 있다. 이 설에 따르면 궁예가 최소 861(857년 출생설도 있음)년 이전 출생이라는 말인데 궁예의 활동 기간이나 사망년 등을 감안할 때 시기 차이가 많이 나서 주목받지 못하는 학설이며, 궁예의 주된 활동 기간을 감안하면 제48대 경문왕의 아들이라는 설이 더 유력하다.

또는 문성왕의 사촌동생인 김예(金銳)라는 인물이 경문왕 시대에 반란을 일으켰다가 진압되어 처형되는 점을 감안해 헌안왕의 아들로서 경문왕의 박해를 받아 신라에서 이탈했다고 볼 수도 있다.

생활과 마음, 자연의 태평성대였던 헌강왕시절

저승의 궁궐에도 도둑이 들었다니

죽은 임금이 마지막으로 영원을 누리는 궁궐인 왕릉. 그곳에 살면 부귀영화를 누린다는 최고의 땅이라 일컬어지는 명당자리에 일반 백성들의 것보다 크게 만들어 죽은 왕에 대한 예우를 한껏 높였을지니.

보호석을 4단으로 쌓은 헌강왕릉

헌강왕릉도 예외가 아니었을 터.

그런 저승의 궁궐에 도둑이 왔다 간 것이 아니라 몇 점의 세간 부스러기만 남긴 채 그냥 빗자루로 쓸어가듯 가져가고 궁궐 속에는 도굴장비들로 채워져 있었다 한다.

1993년 8월 초순, 경북 동해안에 몰아친 태풍으로 많은 비가 내려 헌강왕릉 봉분의 정상 부분이 내려앉았다. 복원정비에 앞서 수습조사가 필요하게 되었다고 한다.

도굴당한 왕릉, 보수수습조사를 하다

수습조사를 담당한 경주문화재연구소는 조사 후 「헌강왕릉보수수습조사보고서」를 발간하였는데 그 내용은 대략 아래와 같다.

수습조사 결과, 도굴로 인한 현실(玄室) 서벽(西壁)의 약화와 빗물의 영향으로 유구의 개석(蓋石)이 무게를 지탱하지 못해 내려앉은 것으로 밝혀졌는데 이번의 붕괴 전에 수차례에 걸쳐 현실(玄室)이 도굴되었음을 알 수 있었다고 한다.

밑지름 15.8m의 원형봉토분인 이 능의 특징은 봉분의 둘레에 화강암을 장방형으로 다듬은 지대석과 그 위에 요석을 4단으로 엇물려 석축한 호석이 둘러싸고 있다는 것이다.

봉분의 높이는 현실 최상단에서 봉분정상까지가 약 1.2m 정도, 현실 최상단에서 현실 바닥까지 약 2.8m 정도로 높이는 약 4m 정도이다.

조사 결과 내부구조는 횡혈식 석실묘(橫穴式 石室墓)의 비교적 완선한 모양으로 밝혀졌다.

현실은 남북길이 2.9m, 동서길이 2.7m의 장방형이고 현실의 벽은 괴석을 15단 정도로 올라가면서 점점 좁아지게 궁륭형(穹窿形)으로 쌓은 후 편평한 장대석 두 개로 개석(蓋石)

현실의 시상(屍床) 노출 상태
(헌강왕릉보수수습 조사보고서 도판)

처리하였다. 벽석(壁石)의 사이사이에는 잡석으로 채운 후 강회(剛灰=생석회)로 마감처리 한 걸로 나타났다.

시상(屍床)은 장방형의 화강암 2개를 잇대어 밑에 고임돌을 괴어 탁자형으로 만들어져 있었다.

내부구조물인 석침, 석좌, 족좌, 석주는 제 위치를 벗어난 채로 발견되었는데 확인 사실들만 파악 후 다시 제자리를 찾아 넣고 복원하였다 한다.

헌강(憲康)이란 시호에 담긴 의미는 무엇일까

왕의 시호에는 그 왕(王)의 생을 아주 짧게 축약한 속 깊은 뜻이 들어있다고 할 수 있다.

헌(憲)은 '법' '기뻐하다'라는 의미를 갖고 있고, 강(康)은 '편안하다' '즐겁다' '풍년들다'라는 의미가 들어있는데 『삼국사기』에 기록된 아래의 내용과 관련이 있는 것은 아닐까.

『삼국사기』 헌강왕조에 의하면 왕이 즉위한 후로 음양(陰陽)이 조화롭고 날씨가 순조로와 풍년이 들어 먹을 것이 넉넉하여 국민들이 즐거워 한다는 내용이 실려 있다.

또 『삼국유사』 권 1 「우 사절유택(又四節遊宅)」조에는 '제49대 헌강대왕대 성 안에 초가집이 하나도 없고 처마가 맞닿아 있고 담이 이어져 있었고 노래와 피리소리가 밤낮으로 끊이지 않았다 한다'.

권 2 「처용랑 망해사」조에도 이와 같은 정도의 비슷한 내용이 있다.

이것은 생활이나 마음, 그리고 자연까지 태평성대였다는 헌강왕대의 모습을 얘기하고 있는 것이다.

비 오는 날이라도 비 한 방울 맞지 않을 정도로 서라벌의 왕경을 돌아다닐 수 있었을 도시였던 경주를 떠올려 보라. 잔잔한 파도가 가슴에 움트지 않는가!

당시 왕경인의 생활모습은?

『삼국유사』 권 1 「진한」조에 의하면 신라 전성기 왕경(王京)에 백성들이 사는 집의 호수(戶數)가 178,936호라고 하였다. 왕경의 규모도 1,360방 55리라고 하며 35개의 금입택(金入宅)이 있었다고 한다.

신라의 전성기는 일반적으로 삼국통일 이후 약 100여 년간인 신라 중대(654-780)를 가리키지만, 여기서 말하는 전성기는 경주가 수도로서 가장 번성했던 신라말기의 헌강왕대를 말한다.

『삼국유사』 권 5 「염불사(念佛師)」조에는 '이상한 스님이 있어

월성의 궁궐을 중심으로 한 서라벌의 웅장했을 모습을 그려 본 상상도
(신라왕궁영상관 벽화)

이름은 말하지 않고 늘 아미타불을 염송(念誦)해 그 소리가 성 안까지 들려 360방(坊) 17만 호(戶)에 들리지 않는 사람이 없었다'고 기록하고 있다.

여기에서도 17만 호라 하니, 서라벌 왕경에 많은 사람이 바글바글했다는 얘기가 부풀린 얘기는 아닌 것 같다.

어쨌거나 당시의 경주는 많은 사람들이 모여 사는 큰 도시로 생활이 풍족했던 번영의 도시였으며 사치스런 소비생활을 하던 도시로 보인다.

문과풍(文科風)의 감성을 가진 헌강왕의 인물됨

헌강왕은 여러 방면에 뛰어난 재주를 가진 다재다능한 인물이었을 것으로 생각된다.

『삼국사기』 권 11, 「헌강왕 즉위조」에 '왕은 성품이 총명하였으며 책 읽기를 좋아하고 한 번 눈으로 보면 입으로 모두 외웠다(王性聰敏 愛着書 目所一覽 皆誦於口)'고 하였으며, 최치원이 쓴 대숭복사비문에 의하면 '헌강대왕은 젊은 나이인데도 덕이 높고 건강한 몸에 정신이 맑았다(德峻妙齡 神淸遠體)'고 하였다.

국립대학격인 '국학(國學)'에 행차하여 학술을 풀이하고 토론케 하면서 왕 자신도 직접 참여하였다거나 남산신의 춤을 재현해 추었다거나 또 왕이 스스로 거문고[琴]를 탔다거나 하는 것을 보면 학문에 대한 관심이 높음과 동시에 문장과 유교적 소양, 예술적인 감각과 재능도 가졌음을 주측해 볼 수 있다. 왕은 총명함과 동시에 인품 또한 훌륭하였으며 문학과 예체능의 감각과 재능을 두루 갖춘 멋진 휴머니스트였다.

이런 왕의 시대에 살다 간 백성들의 생활은 어떠했을까 생각해 본다.

'신사의 품격'을 대변한 처용, 옥스퍼드대학에 합격할 수도 있었다.

헌강왕대의 신라사회의 모습은 사치스런 왕경의 생활, 잦은 신들의 출현, 그리고 가무(歌舞)의 성행을 꼽을 수 있다.

『삼국유사』의 「처용랑망해사」조에 의하면 헌강왕과 관련된 몇 가지의 설화를 볼 수 있는데 주로 가무에 관한 이야기와 연결되어 있는데 여기에 동해용의 아들인 처용(處容)이 나타난다.

헌강왕을 만나 궁궐에 들어와 6두품의 벼슬자리를 얻고 거기에 최고의 미인을 아내로 맞이한 처용.

처용설화에 나오는 처용은 매우 흥미로운 인물이다.

달을 벗 삼아 밤늦도록 놀다가 집에 들어온 처용은 두 개 이어야 할 다리가 네 개인 것을 발견한다.

이것을 본 처용,

'둘은 내(아내의)것 이지만, 둘은 누구 것인고? 본디 내 것이지만 빼앗긴 걸 어쩌리요'하면서 노래를 부르고 춤을 추었다. 우리는 여기서 처용의 다른 모습을 찾을 수 있다.

자기의 아내가 다른 남자와의 잠자리를 발견하는 순간, 처용은 노래(시)와 춤으로 승화시키고 있는 것이다.

처용의 이와 같은 행동은 적을 감복시키고 나아가 처용의 화상(畫像)이 붙여진 곳이면 다시는 나타나지 않겠다는 역신의 굴복은 처용이 질병(역신.疫神)을 물리치는 힘으로 신격화(神格化)까지 이어진다.

어떤 면에서는 '신사의 품격'을 잘 갖추고 있는 처용이라고 말할 수 있지 않을까. 부드러움과 친절을 갖춘 매너와 후(厚)한 속마음을 가진 품성을 지녔기에.

지금의 우리들이 살아가고 있는 갈등과 대립, 분노와 증오의 시대, 오죽하면 '배운 놈이 더 하다'라는 말이 생겨났을까.

요즘 우리나라 같은 상황에서는 '학력보다 인성이 먼저'인 세상, '사는 게 사는 것이 아니다'란 말이 사라지는 세상이 되어야 하지 않을까.

인성의 중요성을 간파한 때문일까, 영국의 옥스퍼드대학은 신입생을 선발할 때 학업성적과 인성면접 결과를 중요시 한다고 한다.

'신사의 품격'을 지닌 처용이 응시했다면 합격했을 수도 있지 않았을까.

한편 역신(疫神)의 진정한 반성에도 배울 점이 많다. 입에 발린 '머리 숙여 사과'와 입에 발린 '머리 숙여 죄송'을 내뱉는 사람들이 얼마나 많은가.

> "신사의 존재는 외투의 맵시가 아니라 태도와 발언과 몸가짐을 통해 가장 잘 드러난다" (김규나의 소설같은 세상에서)

어쨌거나, 헌강왕은 886년 7월 5일에 병마로 죽었다. 이때 질병을 물리칠 수 있었다는 처용은 어디에 있었는지…….

헌강왕의 직계적자가 나이가 어려 왕의 동생이 왕위를 이어받은 정강왕

형을 따라 왕이 되었지만, 아깝다 1년 후에 내 갈 길을 모르고. 정강왕.

헌강왕이 승하하자 그의 동생인 황(晃)이 왕의 자리에 올랐다. 이가 신라50대 정강왕이다.

헌강왕에게는 직계적자인 아들 요(嶢)가 있었으나 헌강왕이 승하한

형인 49대 헌강왕과 지척에 있는 50대 정강왕릉

886년 7월에는 첫돌도 되지 않은 어린 나이였기에 헌강왕의 동생이 왕위를 이어받은 것이다.

헌강왕의 아우인 정강왕은 많아야 24세 정도의 나이로 왕위에 올랐다. 즉위한 그 해, 심한 가뭄으로 흉년이 들었다.

이듬해인 887년 봄에 황룡사에서 백고좌(百高座)를 열었는데 이 백고좌라는 것은 100개의 자리를 마련하여 100명의 법사를 초빙하여 100일 동안 나라의 평안과 안녕을 빌고 고통으로부터의 구제를 위함이라고 하는데 왕 자신도 직접 행차하여 강론을 들었다고 한다.

그러나 5월, 어릴 때부터 몸이 약했다고 하는 왕은 병석에 들게 된다. 왕은 누이동생인 만(曼)으로 하여금 왕위를 잇게 하는 것이 좋겠다는 유언을 남기고 7월 5일에 눈을 감는다. 왕이 된 지 만 1년 만이다. 시호를 정강(定康)이라 하고 보리사 동남쪽에 장사 지냈다고 『삼국사기』는 전한다.

1년 간의 짧은 재위 시간이라 제대로 나라를 다스려보지도 못하고 떠난 임금이 되고 만다.

신라 56명의 왕 중에서 재위기간이 두 번째로 짧은 임금이 된다.

정강왕은 형인 헌강왕과 같이 보리사 동남쪽에 장사 지냈다고 하였는데 두 왕릉이 같이 있는 곳을 찾아가 보면 형인 헌강왕릉과 300여 m 정도의 거리를 두고 겉보기에 비슷한 형태의 모습으로 자리하고 있다.

눈에 확연히 드러나는 차이는 왕릉의 하단을 보호하기 위해 밑둘레를 두른 길이 90~120cm, 너비 30cm 정도로 다듬은 장대석이, 헌강왕릉은 4단으로 쌓여진 것에 비해 정강왕릉은 2단으로 쌓여진 것이 큰 차이이다.

왕릉의 내부는 현재로서는 알 길이 없으나 헌강왕릉과 같이 횡혈식 석실분으로 추정하고 있다.

형과 동생이 300여 m의 거리를 두고 누워있는 이곳, 헌강왕릉과 정강왕릉. 두 왕릉사이의 길은 산책 삼아 걷기에 더없이 아름다운 길이다.

이 길은, 알려지지 않아서인지 사람들이 걷는 모습을 어쩌다 볼 수 있을 뿐 세상사를 멀리한 조용하고 아늑한 길이다. 한적하고 고요함을 주는 길을 따라 걸으며 보고 느끼는 맑은 하늘, 나뭇가지 사이로 불어오는 바람, 상큼한 초목의 향은 몸과 마음을 씻어주는 청량제이기도 하다.

솔향이 그리운 계절이 아니더라도 사시사철 어느 때라도 그 계절이 주는 자연의 향기에 취하면서 걸어볼 수 있는 명품산책길이다.

그래서일까, 어떤 이는 명경지수(明鏡止水)의 길이요, 쉼표가 있는 길이라고 한다. 솔숲 샛길이 주는 공간의 아름다움과 풍기는 그윽함은 나를 싸고 있는데 옛날 옛적 그때의 이야기들은 어디에 숨었는가.

느릿느릿 거닐면서 헌강왕실의 이야기와 함께 두 형제끼리 나누는 이야기를 들어볼 일이다.

죽은 후의 궁궐을 보리사 동남쪽에 지었다는데…

정강왕이 죽었다. 『삼국사기』에 말하기를 보리사 동남쪽에 장사지냈다[葬菩提寺東南]고 한다. 그런데 바로 전왕(前王)인 49대 헌강왕도 장지를 보리사동남쪽이라 했다.

현재 보리사가 있는 경주 동남산자락에서 왕릉으로 보이는 무덤은 이 두 기 외에는 찾을 수 없다. 그것도 이 두 기의 무덤은 서로 가까운 거리에 있다. 두 왕의 장지가 같은 곳이라는 조건에 부합한다는 근거로 1730년에 경주김씨 일족은 두 임금의 능을 헌강왕과 정강왕의 무덤이라 지정했다고 한다.

중요한 것은 보리사라는 사찰의 위치가 명확히 규정되어야 하는데 지금의 보리사와 신라 때의 보리사 간의 직접적인 관련성을 찾을 수가 없다는 것이다. 현재의 보리사는 1911년 비구니스님인 박덕념이 중창하여 현재의 모습으로 이어져 오고 있다.

보리사의 위치가 먼저 확인되고 그 후에 왕릉의 위치가 정해져야 올바른 순서인데, 반대로 왕릉의 위치가 먼저이고 그에 따라 보리사라는 절이 생기는 현상이라고 볼 수 있다.

한편 헌강왕릉과 정강왕릉의 위치도 어떻게 정해졌는지 의문이다.

이근직은 그의 저서 『신라왕릉연구』에서 '헌강왕릉과 정강왕릉의 위치는 재위기간이 앞선 왕의 능을 월성에 가까운 고분으로 지정한 결과이다'고 한다.

헌강왕 및 정강왕의 가계도

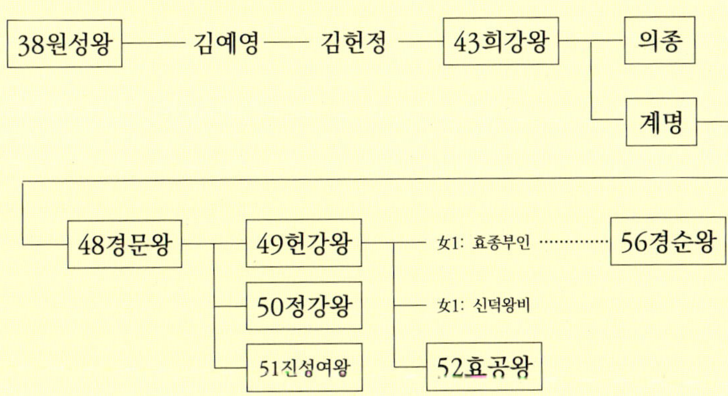

헌강왕의 애틋한 아들 재위 15년, 효공왕릉

사적 (1969. 8. 27), 32,290 ㎡

효공왕릉은 신문왕릉 북동쪽 약 400m, 작은 동산 남쪽 끄트머리에 솔숲을 두른 높이 5m, 지름 21.2m의 둥글게 흙을 쌓은 원형 봉토 무덤으로, 밑 둘레에는 무덤을 보호하기 위해 쌓았던 돌이 일정한 간격으로 몇 개 겉으로 드러나 있으며 아무런 장식이 없는 매우 소박한 형태의 무덤이다.

신라 제52대 효공왕(재위: 897년 음력 6월 ~ 912년 음력 4월)은 왕비나 귀족이 아닌, 헌강왕이 사랑한 평민 여성이 낳았기에 민간에서 평범하게 살던 하나뿐인 아들로, 자라면서 신체와 용모가 뛰어났으므로

소재지: 경상북도 경주시 배반동 산 14

이름은 요(嶢: 높다)라 하였다.

소문을 들은 고모 진성여왕이 대궐로 불러 등을 어루만지며 말하기를 "나의 형제자매의 골법(骨法: 뼈의 생김새)은 다른 사람들과 다르다. 이 아이는 등에 두 뼈가 솟아 있으니 참으로 헌강왕의 아들이다." 하고 태자로 책봉하였다.

897년(진성여왕 11년) 6월, 진성여왕은 자신의 부덕함을 이유로 왕위를 조카인 효공왕에게 양위하여, 12살 어린 나이로 즉위하였다. 그는 총명하고 정사(政事)에 의지가 있어, 즉위 후 대사면령을 내려 죄수들을 사면하고 문무백관의 작위를 한 계급씩 올려주는 등 개혁 의지가 있었으나 기울어진 국운(國運)을 되살리지 못하였다.

나라 안으로 진성여왕대에 발생한 농민 반란을 시작으로 도적들이 곳곳에서 봉기하였고, 지방 호족들이 6두품과 결속하여 각 지역을 통솔하는 군사력을 가진 세력으로 성장함에 따라 신라는 지방에 대한 통제력을 잃고 말았다.

밖으로는 견훤의 후백제와 궁예의 후고구려가 정립(定立)하여 후삼국 시대로 접어들게 되었는데, 효공왕 재위 기간 중 이들의 공격을 받아 수도와 삽량주(양산) 일대를 제외한 대부분의 영토를 상실하였다.

왕은 국토가 날마다 줄어든다는 말을 듣고 무척 걱정하였으나 회복할 국력이 없으므로, 성주들에게는 나가서 싸우지 말고 성벽을 굳게 지키기만 하라고 명령하였다.

왕은 나라가 힘든 912년(효공왕 16년) 4월에 사망하였는데 당시의 나이는 25~26세였다. 『삼국사기』에 시호는 효공(孝恭)이며 사자사(獅子寺) 북쪽에 장사 지냈다고 한다. 그러나 『삼국유사』에는 왕이 죽자 사자사 북쪽에서 화장해 유골을 구지제(仇知堤)의 농산 옆에 묻었다고 하여, 두 기록에 약간의 차이가 있으나, 현재 이 무덤 남쪽에 사자사로 추정하는 절터가 있어 크게 어긋나지는 않는다.

효공왕이 아들 없이 사망하여 왕위는 헌강왕의 사위이자 효공왕의 매부인 박경휘(신덕왕)가 계승하였다. 이로써 내물마립간부터 550여 년간 이어져 온, 김씨에 의한 독점적 왕위 세습이 종료되었다.

굽은 소나무가 천년의 무덤을 지킨다. (아달라왕릉, 신덕왕릉, 경명왕릉)

천년의 역사가 숨어있는 삼릉

경주 배동 삼릉은 박씨 왕 3명의 무덤이 있는 곳이다. 신라의 제8대 아달라왕(阿達羅王)과 제53대 신덕왕(神德王), 제54대 경명왕(景明王)이 묻혀 있는 곳이다. 신덕왕은 아달라이사금 이후 728년 만에 부활한 박씨 왕으로 아달라이사금과 년 대 차이가 너무 커서 세 왕의 능이 맞는지 확신할 수는 없으나, 맞는다면 박씨 왕조 부활의 상징성과

세 명의 박 씨 왕의 무덤 삼릉

정통성을 세우고자 아달라 왕릉 옆에 무덤을 만들었다고 볼 수 있다. 능(陵)의 형식은 규모가 큰 원형 토분(土墳)이며, 표식(表飾)은 하나도 없고, 능 앞에 상석(床石)이 세 개 있으나 이것은 최근에 설치한 것이다.

초기 신라의 영토 확장에 노력한 아달라 왕

아달라왕은 신라 영토 확장에 절대적인 노력을 한 왕이라 생각된다. 성은 박(朴), 이름은 아달라(阿達羅), 왕호는 이사금(尼師今)이다. 신라의 제7대 일성이사금(逸聖尼師今)의 맏아들로 태어났다. 『삼국사기』에 따르면, 아달라 왕은 키가 7척(尺)이나 되었으며 준수한 풍채와 뛰어난 용모를 지녔다고 기록하였다. 왕위를 계승할 적자(嫡子)가 없었으나, 신라의 제53대 신덕왕(神德王)이 아달라이사금의 후손으로 기록된 것을 고려하면 자녀가 전혀 없었던 것은 아닌 것으로 추정된다.

『삼국사기』에는 아달라왕의 재위 기간에 천재지변(天災地變)이 자주 발생했다고 기록되어 있다. 폭우와 지진에 에이어 메뚜기 떼가 창궐했고, 동해에 물고기가 떼죽음했다. 174년에는 우물과 샘이 모두 마를 정도로 심각한 가뭄이 들었다.

아달라왕은 184년 봄에 사망하고 장지에 대한 기록은 전해지지 않는다. 아달라이사금의 원손(遠孫)인 신덕왕은 『삼국사기』에서는 죽성(竹城)에 장사지냈다고 하고, 『삼국유사』에서는 화장해 잠현(箴峴) 남쪽에 묻었다고 하였다. 죽성과 잠현이 동일 지명이라는 전제하에서, 잠현을 현재의 대발골 고개, 즉 백률사 근방 다부리(多富里)에서 탈해왕릉(脫解王陵)으로 넘어가는 고개로 추정하기도 한다. 하지만 오늘날 경주 남산의 서쪽 기슭에 있는 삼릉 가운데 하나가 아달라왕의 묘로 비정되어 있다. 삼릉 전면에 비석이 있는데 고종 8년(1871년)에 세워졌다.

도굴로 상처 입은 신덕왕릉

삼릉의 두 번째 무덤이 신덕왕릉이다. 통일기 이후의 신라 고분들은 북쪽 고구려의 영향을 받아 횡혈식 석실 고분들이 조성되었음을 알 수 있다. 신덕왕릉의 크기는 밑 둘레 61m, 높이 5.8m, 지름 18m이다. 이 무덤은 안타깝게도 1935년과 1963년에 두 차례에 걸쳐 도굴당하여 부장품은 모두 없어지고 텅 빈 무덤의 내부가 조사되었다. 조사 결과 매장 주체는 깬 돌로 쌓은 굴식 돌방(横穴式石室)무덤으로 밝혀졌다. 처음 도굴된 사건은 1935년에 봉분 북쪽을 뚫어 도굴된 일이 있어서 당시 세간의 이목을 놀라게 하였다. 경주박물관에서 피해 현장을 조사하고자 하였으나 무덤 관리자 측과 주민들의 강경한

삼릉의 중앙에 있는 신덕왕릉

거부로 내부 조사를 세밀히 하지 못하고 도굴한 구멍으로 내부를 들여다보고 굴식돌방무덤구조만 확인하였다. 그 이후 1963년 7월 18일 밤에 이 왕릉은 제2차 도굴되는 봉변을 당했는데 이번에는 봉토 서쪽 상층부 가까운 곳에서 시굴 되어 내부로 향하여 도굴을 시도하여 돌방무덤 내부 현실 서쪽 벽면으로 향하는 구멍을 뚫고 들어왔다.

무덤의 내부 구조는 통일신라시대의 일반적인 굴식 돌방무덤(橫穴式石室墳)으로 평면은 사각형에 가깝고, 반달처럼 굽은 모양의 궁륭형(穹窿形) 천장으로 되어 있는 널방은 자연괴석(塊石)으로 축조되었다. 널방의 남벽 가운데는 널길 이 있고 널방과 널길 사이는 판석(板石) 2매로 된 널문으로 막았다. 널방 각 벽면의 길이는 대략 3m이고, 널방 바닥에서 천장 뚜껑 돌까지의 높이는 3.91m이다. 널길은 전체 길이 2.2m 너비 1.2m이다. 널방 바닥 가운데에는 자연석으로 높이 35㎝의 방형 축대를 쌓고 그 위에 두께 5㎝가량의 판석 2개를 남북으로 놓아 주검 받침을 만들었다. 따라서 이 고분은 두 사람의 시신이 동서 방향으로 봉안된 합장묘(合葬墓)라 할 수 있다. 이 고분에서 가장 주목되는 점은 북벽과 동, 서 양 벽의 일부에 연속해 마치 병풍을 돌려 세운 것처럼 채색된 벽화가 있는 것이다. 입구에서 볼 때, 정면인 북쪽 벽면에 6폭, 그리고 그 좌우로 연속해 동서 벽면에 각각 3폭씩 모두 12폭으로 된 채색면이 있다. 벽화의 높이는 1.4m이며 이를 다시 폭마다 상하로 양분해 모두 24면으로 구분하였다. 24면의 각 면에는 다른 문양이나 그림은 없이 주(朱), 황(黃), 백(白), 군청(群靑), 감청(紺靑) 등 5색으로 구별해 순서 없이 배색하였다. 고분의 벽화는 단순한 채색면에 지나지 않지만, 벽화자료가 거의 없는 신라 고분에서는 주목되는 자료이다. 더욱이 경주 일원의 신라 고분에서는 지금까지 확인된 유일한 채색벽화로서 중요하다. 이 벽화가 의미하는 내용을 확실히는 알 수 없다. 그러나 5색은 오행설(五行說) 혹은 그와 결부된 방위신사상(方位神思想)과 관련이 있을 것이고, 그림의 너비가 12폭이라는 것도 12지신(十二支神)의 사상과 관련된 것으로 여겨지고 있다.

신덕왕은 912년(효공왕 16) 음력 4월에 효공왕(孝恭王, 재위 897~912)이 아들이 없이 죽자 왕으로 추대되어 즉위하였다. 이로써 신덕왕과 경명왕, 경애왕으로 이어지는 신라 말기의 박씨 왕조가 시작되었다. 왕위에 오른 신덕왕은 아버지를 선성대왕(宣聖大王)으로 추존하고, 어머니를 정화태후(貞和太后), 왕비를 의성왕후(義成王后)로 봉했다. 그리고 아들인 박승영을 태자로 삼고, 이찬(伊飡) 계강(繼康)을 상대등(上大等)으로 임명하였다. 신덕왕 때에 신라는 궁예(弓裔)와 견훤(甄萱)의 세력에 밀려 경주 일대에서만 지배력을 유지할 정도로 크게 위축되어 있었다. 『삼국사기』 '신라본기'에 신덕왕은 917년(신덕왕 6) 음력 7월에 사망했으며, 죽성(竹城)에 매장되고 장례를 지낸 그것으로 되어 있으나 『삼국유사』 '왕력' 편에는 화장하여 뼈를 잠현(箴峴)의 남쪽에 묻었다고 기록되어 있다. 사적 제219호로 지정된 경주 배동 삼릉(三陵)의 가운데에 있는 고분이 신덕왕릉으로 전해지고 있다. 『삼국사기』에는 신덕왕 때에 천재지변이 잇달아 발생했다고 기록되어 있다. 동해의 바닷물이 높이 솟구치는 현상이 3일이나 계속되었고, 우레와 같은 굉음을 내며 지진이 일어났다.

신라 하대 왕권안정을 도모한 경명왕

삼릉은 3개의 왕릉이 나란히 자리 잡고 있어서 붙여진 이름이다.

삼릉의 맨 뒤쪽에 있는 경명왕의 무덤

앞쪽에는 신라 8대 아달라왕, 가운데에 53대 신덕왕, 뒤쪽에 54대 경명왕의 무덤이 있다고 전해지고 있다. 경명왕릉의 크기는 밑 둘레 50m, 높이 4.5m, 지름 16m이다.

『삼국사기』「신라본기 12 신덕왕 원년 조」에는 신덕왕이 아들 승영을 태자로 삼았음이 나타나 있는데 이것을 신덕왕의 왕권 강화 노력으로 파악한 견해가 있다. 즉 신라 하대의 왕들은 왕자가 없고, 있더라도 정치적 배경에 의해 왕의 동생이나 조카를 태자로 책봉했던 경우와는 달리, 신덕왕은 자기 아들을 태자로 책봉하여 왕권 강화를 추구했다는 것이다. 그리고 이는 신덕왕이 비록 김씨 왕통을 압도하고 왕이 되었을지언정 그 스스로 부자(父子) 계승의 규범을 수립하려고 노력한 모습이었다고 하였다.

경명왕은 아들이 무려 8남이나 있었지만, 동생 위응이 즉위하여 신라 제55대 경애왕이 되었다. 많은 아들을 두었음에도 동생에게 왕위를 물려준 것은 복잡한 정치적 문제가 엮여 있었을 가능성이 있다. 경명왕의 여덟 아들은 사실상 현대 박씨(朴氏)의 근간이 되었다.

장남인 밀성대군 박언침은 밀양 박씨, 차남인 박언성은 고령 박씨, 3남은 함양 박씨, 다음 4남부터 8남까지 수많은 박씨의 시조가 되어 오늘날의 박씨를 있게 한 장본인이 바로 경명왕이다.

경명왕대는 918년에 왕건(王建)이 고려(高麗)를 건국하여 후삼국의 쟁패전이 가속화되었다. 경명왕 4년(920년) 후백제의 침공으로부터 대야성이 함락되어 신라를 방어할 수 있는 산맥이 사라졌다고 할 수 있다. 그리고 고려와의 국교 수립은 여태껏 후고구려와 후백제를 지방 반란 세력으로 간주하고 교류하지 않았던 기존 30여 년간의 신라 정부의 견해를 버리고 처음으로 고려를 신라와 대등한 하나의 나라로 인정한 일대 사건이었다. 이는 반란 세력과의 대결보다는 그들의 위치를 인정함으로써 신라 왕실의 권위를 높이려는 계기로 삼으려 했던 것으로 파악된다. 그리고 경명왕 7년에는 후당(後唐)에 사신을 파견하였는데 이는 신라왕권의 정통성을 대내외적으로 인정받기 위해 취한 조치였다.

『삼국유사』「왕력」에는 경명왕이 재위 7년(924)에 죽었는데 황복사에서 화장하여 뼈를 성등잉산(省等仍山) 서쪽에 뿌렸다고 하였으나, 『삼국사기』에는 왕이 8월에 죽어 황복사(黃福寺) 북쪽에 장사 지냈다고 하였다. 그리고 보물 제363호인 「창원 봉림사지 진경대사탑비 비문」은 경명왕이 직접 지었다고 한다. 지금도 비문이 남아 있는데, 이 비문에 '내가 지었다(余製)'라고 짧고 당당하게 적혀 있다. 경명왕이 별다른 업적이 없는 임금이라는 인식이 강하지만 저 비문에 새겨진 나름 유려한 문장을 보아 그 개인적으로는 많은 학식을 갖추고 있었던 것으로 추측된다.

천년왕조의 운명과 함께 떠난 경애왕

해목령에 장사 지냈다는 왕릉은 어디에 있을까?

견훤의 겁박으로부터 스스로 생을 마감한 경애왕의 능이라고 알려지고 있는 경애왕릉은 남산 등반길의 출발점 중 하나인 삼릉 근처에 있는데 그의 아버지 신덕왕이 묻혀있는 삼릉에서 솔숲사이로

경주 서남산자락에 있는 경애왕릉

보이는 가까운 거리에 있다.

'애(哀)'자가 가슴 속 안쓰러움으로 다가오는 경애왕릉(景哀王陵)!

능 둘레는 소나무로 도래솔[護林]을 이루고 있다. 여기에 유택을 정하고 누운 경애왕이 가끔은 천년왕조를 지키지 못한 회한을 삼키면서 거니는 숲이런가.

김부식은 『삼국사기』에 경애왕을 '남산해목령에 장사 지냈다[葬南山蟹目嶺]'고 「경순왕」조에 기록하였다. 지금의 경애왕릉은 해목령과는 남쪽으로 거의 2㎞정도 떨어져 있어 '잘못 지정된 것이 아닐까?' 하는 의구심을 갖게 한다. 그렇다면 해목령 주위에서 왕릉을 찾아야 하는데 능으로 볼 만한 것을 찾을 수 없다.

1730년 전후로 박씨 문중과 김씨 문중이 자기네들 조상인 잃어버린 왕릉을 찾는 작업을 행했다고 하는데 지금의 경애왕릉은 아마 이 무렵 비정된 것으로 보인다.

이근식은 그의 저서 『신라왕릉연구』에서 경애왕릉은 왕릉이 아니고 왕공귀족의 무덤이라고 주장하기도 한다.

세월 따라 도래솔은 더욱 아름다워지는데 진실은 무엇인지 명품 솔밭에 누운 자는 말이 없어 답답함을 더할 뿐이다.

무책임한 왕이 아닌 천년사직을 지키기 위해 적극적이었던 경애왕

어쨌든 이곳에 누워있다는 경애왕!

과연 이 경애왕은 나라의 안위에는 전혀 관심을 기울이지 않고 흥탕망탕 세월만 보냈을까, 그런 결과로 인해 포석정에서 견훤의 습격을 받아 목숨을 잃고 나라의 망국을 재촉한 왕이었을까.

경애왕이 왕위에 올랐을 때는 10세기 초반, 후삼국시대로 고려의 왕건과 백제의 부활을 꿈꾸는 후백제의 견훤, 이 두 세력의 패권 다툼으로 신라는 낙동강 동쪽지역 정도만을 겨우 유지한 채 국내적으로는 지방호족세력의 성장으로 신라왕실의 지방에 대한 통제력이 약해진 어려운 시기였다. 이미 신라의 국운이 기울어진 때인 924년 9월에 왕위에 오른 경애왕은 927년 11월 후백제의 견훤에 의한 신라 도성의 침공으로 목숨을 잃을 때까지 3년 3개월이라는 비교적 짧은 기간 왕위에 있게 된다.

자력만으로는 나라의 운명을 열어갈 수 없음을 알고 왕이 되자마자 친고려 정책을 펼치는가 하면, 한편 후당(後唐)에 사신을 보내어 친분을 쌓는 등 외교적인 노력도 있었다.

국내적으로는 신궁에 제사 지내고 죄수들을 크게 사면하는가 하면 '백좌통설선교'라는 호국적 성격을 지닌 불교와 밀접한 관계를 가진 성스러운 의식을 가지면서 나라 안팎의 평안을 빌기도 하는 등 나라의 안위를 지키기 위해 나름대로 노력한 것으로 보인다.

이와 같은 여러 노력에도 불구하고 927년 11월, 신라의 왕실은 견훤의 발굽아래 짓밟히고 말았으니!

그래서일까 경애왕에 대한 평가는 인색하기만 하다.

신라 역대 왕 중 빈전에 관한 기록이 남아 있는 유일한 경애왕

후백제군에 의해 사로잡힌 경애왕은 견훤에 의해 자진 당하였고 경순왕에 의해 시신이 거두어져 당시 궁궐내의 서당(西堂)에 빈전(殯殿)이 차려졌으며 경주의 남산 해목령에 장사 지냈다고 역사는 기록하고 있다.

신라의 역대왕 중에서 빈전에 관한 기록이 남아있는 것은 유일하게 55대 경애왕 한 사람 뿐이라고 한다.

왕이 죽은 후 왕릉에 매장하기 전까지 임시로 시신을 안치하거나 가매장하는 장소가 필요한데 이 장소를 빈궁 또는 빈전이라고 한다. 경애왕의 경우는 월성궁궐내의 서당(西堂)이라는 곳을 빈전으로 사용하였다고 『삼국사기』「신라본기 경순왕 즉위조」에 기록되어 있다.

어쨌든 경애왕의 빈전이 서당에 차려졌다는 것과 남산의 해목령에 장사지냈다고 하는 기록은 있는데 그곳에 있이야 할 능은 어딘가에 있기는 있는 건지 아니면 없는 건지, 경애왕의 영혼은 남산 어디에서 숨 쉬며 떠돌고 있는지 알 수 없는 일일뿐이다.

가슴 아픈 역사는 반면교사로 삼아야

신라는 왜 멸망했는가?

우리가 역사를 공부하는 이유는 여러 가지이겠지만 과거를 바탕으로 현재에 투영하여 보다 나은 삶·미래를 만들어 가기 위한 것이라고도 한다. '역사는 미래를 비추는 거울'이라고 하여 역사서에 '거울 감(鑑)'

[동국통감]을 넣어 책제목을 정하는 것도 이 때문이리라.

"로마는 하루아침에 이루어지지 않았다"라고 '세르반테스'가 말했다. 그러나 그렇게 애써 이룩된 나라라도 태평성대의 시대는 잠시.

신라도 그렇다. 혁거세가 나라를 세운 후 700여년의 긴 시간을 거치면서 발전시켜온 나라가, 안정과 번영의 시기는 그로부터 고작 130년 정도, 그 후로부터 150여 년간은 왕권의 약화를 가져와 드디어 신라가 망하고 만다.

"흥망성쇠와 부귀빈천이 물레바퀴 돌 듯한다"는 속담이 생각난다. 하기야 나라라고 피해 갈 수 있겠나.

국가의 지도자나 개인이나 진실로 새겨볼만한 말이다. 수험생들이 '오답노트'를 왜 작성하는지 생각해 볼 일이다. 슬픈 나라를 만들지 않기 위해서라도.

「역사에 가정은 없다」.

신라의 망국이 안타까웠는지, 경애왕의 말로가 비참해서였는지 어쨌든 안타까운 마음에 다음과 같은 생각이 문득문득 떠올랐다.

'만약에 경애왕이 고려와 후백제에 대해 등거리외교를 펼쳤다면?'
'만약에 왕건이 신라에 대한 고려의 구원군을 빨리 파견했다면?'
'만약에 경애왕이 포석정에서 남산신에게 가호를 비는 대신 후백제에 대해 맞서 군사를 이끌고 전장의 일선에 서 있었다면?'

상상의 나래는 각자에게 맡긴다.

덧붙이는 이야기 – 억측같지만.

김효종과 박경휘는 둘 다 헌강왕의 사위이면서 52대 효공왕과는 처남·매부 사이이다. 효공왕이 후사가 없이 죽자 박경휘가 김효종을 제치고 왕위를 계승하여 53대 신덕왕이 된다. 이로써 김씨 왕통이 박씨 왕통으로 바뀌게 된다. 이에 김씨 세력은 박씨 왕위에 불만을 가졌을 것이라 추측해 볼 수 있다.

김효종을 따르던 무리들은 효종의 아들인 김부(金傅)를 중심으로 모이게 된다. 이러한 때에 국상 김웅렴 등이 왕건을 경주로 불러들이려 하였다. 왕건이 신라 왕도를 다녀간다는 것은 왕건이 박씨 왕권을 지지하게 되고 그러면 김부 일파는 왕권에서 더 멀어져 감을 생각했으리라. 이러한 생각을 가진 김부 일파는 비밀리에 후백제 견훤과 내통하였을 것이라는 추측과 함께 견훤의 신라도성 침공으로 경애왕의 죽음을 초래하게 되었을 것이라는 이야기이다.

견훤이 친고려정권을 제거하고 난 후 신라를 합병하지 않고 신라정권을 그대로 유지케 한 과정을 보면 이전의 김씨 세력과의 내통이 있었을 가능성이 있다는 이야기이다.

드라마 '태조 왕건'에서도 이와 비슷하게 묘사되고 있다.

천년 사직으로 백성의 안위를 택한, 경순왕릉 - 고려에 묻힌 신라의 왕

사적 (1975. 6. 25), 11,777 ㎡

신라 왕릉 중 유일하게 경주 지역이 아닌 경기도에 있는 신라 56대 마지막 왕인 경순왕(재위 927~935)의 무덤이다.

무덤의 높이는 약 3m, 지름 7m의 둥글게 흙을 쌓아 올린 원형 봉토무덤으로 판석을 이용해 둘레돌을 돌렸다.

현재 묘역에는 네 면에 사각 화창(火窓)과 팔각지붕형의 옥개(屋蓋)를 얹은 장명등(長明燈)과 함께 그 좌우로 석양(石羊)과 망주석(望柱石)이 하나씩 서 있다.

왕릉의 주변에는 1986년에 건립된 재실(齋室)과 신도비를 보호하는

소재지: 경기도 연천군 장남면 고랑포리 산 18-2

비각이 서 있다. 능 앞에 혼유석(魂遊石)이 놓여 있고 1747년(영조 23)에 세운 '新羅敬順王之陵(신라경순왕지릉)'이라고 새긴 묘비가 있다.

연천군 고랑포구 역사공원 뒤에 있는 경순왕릉은 임진왜란 때 실전(失傳)됐다가 1727년(영조 3년)에 발견되어, 묘비를 세우는 등 몇 차례 정비를 했으나 '한국전쟁'으로 다시 실전됐다가 이곳에 주둔한 육군 장병에 의해 발견되었다.

경순왕의 성은 김씨, 이름은 부(傅)이다. 신라 제46대 문성왕의 6대손이며, 이찬(伊湌) 효종(孝宗)의 아들이다. 927년 후 백제 견훤(甄萱)의 침공으로 경애왕(景哀王)이 죽은 뒤 왕위에 올랐는데 935년 왕건(王建)에게 나라를 물려줄 때까지 9년간 재위하였으며 978년(경종 3)에 죽었다.

재위 당시 신라는 국력이 쇠퇴하고 여러 차례에 걸친 후백제의 침공과 약탈로 국가의 기능이 완전히 마비되었다.

민심이 신흥(新興) 고려로 기울어졌음을 알고, 931년 2월 경순왕이 태수 겸용(謙用)을 보내 고려 태조 왕건에게 만날 것을 요청하자 고려 태조가 기병(騎兵) 50여명을 거느리고 서라벌[경주]을 방문했다. 경순왕은 백관들과 함께 교외에 나아가 영접하여 극진한 예우를 하고 연회를 베풀었다.

935년 음력 10월 경순왕은 군신(君臣)회의를 소집하여 고려로 투항할 것을 논의하였는데 여러 신하들의 의견이 분분하였다.

'마의태자'가 나서서 말하기를 "나라의 존속과 멸망은 반드시 하늘의 운명에 달려 있으니, 다만 충신 의사들과 함께 민심을 합하여 스스로 굳건히 힘을 다한 뒤에 망할지언정, 어찌 1천 년의 사직을 하루아침에 가벼이 남에게 줄 수 있겠습니까?"라고 하였다.

이에 경순왕은 "고립되고 위태로움이 이와 같아서 나라를 보전할 수 없다. 이미 강하지도 못하고 또 약하지도 않아 무고한 백성들의 간과 뇌가 길에 떨어지게 하는 것은 내가 차마 할 수 없는 일이다."라 말하고, 신하들과 더불어 국가를 고려에 넘겨줄 것을 결의하고, 시랑(侍郞) 김봉휴(金封休)에게 왕건에게 항복하는 국서(國書)를 전하게 하였다.

경순왕이 백관(百官)을 거느리고 고려에 귀의(歸依)할 때 향차(香車)와 보마(寶馬)가 30여 리에 뻗쳤다. 고려 태조 왕건은 태상 '왕철' 등을 보내 영접하게 했다. 그리하여 신라의 천년(기원전 57년~935년)은 멸망했다.

고려 태조가 경순왕에게 말하기를 "지금 왕께서 과인에게 나라를 주었으니 그것은 매우 큰 은혜입니다. 원컨대 종실과 혼인하여, 장인과 사위의 좋은 관계를 영원히 하고자 합니다."라 하며, 정전(正殿)에 문무백관을 모아놓고 예를 갖추어 큰 딸 '안정숙의공주'(일명 낙랑공주)를 경순왕에게 시집보내어 왕을 사위로 삼았다. 이후 아홉째 딸인 '공주'도 경순왕에게 시집보냈다.

경순왕릉 비각(좌), 재실(우)

왕건은 그를 태자보다 위인 정승공(正承公)으로 봉하였다. 유화궁(柳花宮)을 하사받았으며, 정승(政丞)에 봉해지는 한편 경주(慶州)를 식읍(食邑)으로 받았다. 아울러 경주의 사심관(事審官)에 임명됨으로써 고려시대 사심관 제도의 시초가 되었다.

경순왕도 고려 태조에게 백부 잡간(迊干) '김억렴'의 딸을 권하여 고려 태조가 후비로 맞이하였는데, 그녀가 제5왕후인 신성왕후 김씨이다. 슬하에 아들은 고려 안종으로 추존된 왕욱(王郁)이며 그는 고려 제8대 현종(顯宗)의 아버지이다.

975년 10월 경순왕은 슬하의 첫째 딸을 고려 태조의 손자인 고려 제5대 왕인 경종에게 출가시켰는데, 그녀가 현숙왕후 김 씨이다. 이 일로 고려 경종은 경순왕을 특별히 배려하여 위계를 태자의 위인 상보령으로 삼고 식읍과 녹봉을 더해 주었다. 그는 고려 태조에서 고려 혜종·정종·광종·경종까지 5대에 걸쳐 살았으며, 태조 왕건이 죽은 후에는 고려에서 왕 다음의 높은 존재로 인식되고 그 영향력이 컸다.

978년(고려 경종 3) 4월 4일 개성에서 사망하였는데, 시호를 경순(또는 '효애')이라 하였다. 이는 943년에 서거한 왕건보다 35년이나 더 생존한 것이다.

원래 경순왕의 시신은 신라의 왕릉이 있는 경주로 운구하려 하였으나, 고려 왕실에서 왕의 영구는 도성 밖 100리를 넘을 수 없다고 반대하여 임진강을 건너지 못하고 현재의 경기도 장단군 장단면(현 연천군 장남면) 남쪽 고랑포 언덕에 안장(安葬)하였는데, 훗날 남북이 분단되자 경순왕릉은 대한민국 방향에 있는 민통선(民統線) 안에 들어갔다.

비록 천년 사직을 마감한 왕이지만, 경순왕에 대한 후세의 평가는 고려시대는 물론 조선시대에도 나라에서 경순왕의 후손들에게 군역(軍役)·부역(賦役) 면제의 특전(特典)을 내리는 등 한결같이 긍정적이다.

경순왕 즉위 시에 신라는 이미 멸망한 것이나 다름없는 빈 껍데기밖에 없는 나라였기에, 경순왕은 신라가 이미 회생 불가라는 것을 깨달았다. 그리고 정말 기가 막힌 시기에 왕건에게 항복하여 비록 나라는 멸망했지만 백성들을 모두 살렸음은 물론, 모든 백성들의 대우와 관등을 모두 유지 시키는 쾌거를 달성했다. 경순왕 본인은 군주이기 때문에 왕건에게 항복한 이상 군주 자리를 유지할 수는 없었다. 하지만 그 대신 왕건과 혈연관계를 맺었으며 고려 내부에서는 왕건 다음가는 2인자가 된 것이다.

경순왕의 가계(家繼)는 『삼국사기』·『삼국유사』·『고려사』·『동국여지승람』 등에 나와 있는데, 왕후 '죽방부인'과의 사이에는 두 왕자를 두었고, 다른 부인들과의 사이에 많은 왕자를 둔 것으로 전해오는데, 경순왕의 자손들은 크게 번창하였다. 그 중 제8대 고려 현종은 신라의 외손으로 왕위에 오르게 되었고 그를 계승한 자손들이, 마지막인 고려 34대 공양왕에 이르기까지 모두 신라 왕실의 혈통을 이어받은 것이니 나라[신라]를 버려 나라[고려]를 얻은 것이다. 그리하여 오늘날 경주 김씨의 약 70%가 경순왕의 후손이라고 한다.

경순왕의 묘는 실전되었다가, 1727년(영조 3) 안동 사람인 김굉이 『경순대왕장지』라는 글자가 새겨진 지석(誌石)을 발견하였다. 그로부터 장단부에서는 매년 3월 1일과 10월 1일에 춘추 향사를 올리고, 관군(官軍)으로 하여금 수호하도록 하였다. 이렇게 하여 현재의 경순왕릉 모습이 유지 보존되었다.

또 1748년(영조 24) 경순왕릉 인근 경기도 연천군 장단면 고랑 마을 민가에서 『경순왕릉 신도비』도 발견하였는데, 이 비는 6·25 전까지 고랑포리 시가지에 있었으나 수복 전후 도로변에 방치되어 오던 것을 1973년 원당리 고랑포초등학교로 이전하였다가, 1986년 경순왕릉 정화사업에 따라 현 위치로 옮겨지고 비각 및 재실을 새로 건립하였다.

경순왕이 죽은 후 그를 추모하는 사람들은 어진(御眞)을 그려서, 그가 세운 원주 미륵산 '고자암(高自庵)'에 영정각을 지어 봉안하고 제사를 받들었다. 영정각은 고려 중기에 무너지고 영정 원본은 사라졌지만, 조선시대에 이모(移模)한 작품 5점이 전하고 있다.

경순왕 어진(숭혜전)

이들 어진 5점은 경순왕 사당인 경주시 숭혜전 창고에 보관되어 오다가, 2007년 그 존재가 처음 확인됐다. 이후 2013년 국립경주박물관으로 옮겨 보관하고 있다.

백성을 하늘처럼 귀하게 여겨서 천년 사직을 고려에 넘긴, 경순왕을 추모하는 백성들은 강원도 원주와 경남 하동군에 경천사(敬天寺)를 지어 그를 하늘(天)로 받들어 모시고 있다.

제2부

세상을 놀라게 한 주인을 알 수 없는 무덤들(塚)

신라 금관이 처음 출토된 금관총

노서리 제128호 고분에서 금관총으로

경주 대릉원 지구에 속하는 노서리 104에 금관총이 있다. 금관총은 무덤의 내부를 볼 수 있는 몇 안 되는 신라 유적중의 하나이다.

본래 금관총은 노서리 제128호분으로 고유번호가 매겨져 있었으나 신라시대의 금관이 처음 발견되어 금관총이라는 이름을 갖게 되었다.

무너져가는 가옥수리공사 중 발견된 금관총

발굴 전 금관총과 가옥들
(사진출처: 문화재청)

금관총의 축조연대는 출토된 유물들에 의거하여 대략 5세기 후반에 속하는 것으로 추정되고 있으며, 1921년 9월에 경주시 노서리 현 지점에서 가옥 공사 중 우연히 발견된

현대식으로 꾸민 금관총

돌무지덧널무덤[積石木槨墳]이다.

1921년 9월에 일제에 의해 실시된 최초 발굴 발견 당시부터 유구의 상당부분이 이미 파손되었을 뿐만 아니라 일부 유물들은 동네 어린이들의 장난감이 되기도 하였다. 또한 정식으로 발굴된 것이 아니었기 때문에, 고분의 구조나 유물들의 출토상황 등에 관해서는 애매한 점이 매우 많이 남아 있다. 특히 발굴당시에 정확한 기록이 없어 발굴 참여자의 이야기를 듣고 종합하여 유물들의 장소와 위치를 추정할 수밖에 없었으며, 발굴에 참여한 6분들의 이야기도 일치하는 부분이 적었다고 한다.

많은 자료가 있는 신라고분정보센터

일제에 의해 실시된 최초 발굴 이후 2015년 3월부터 국립중앙박물관과 국립경주박물관이 재 발굴 조사를 실시하였고, 조사 이후 천마총처럼 무덤 내부를 관람할 수 있게 보존 전시 공간을 건립하였다. 무덤 북쪽 공터에는 신라고분정보센터가 위치하고 있다.

새로 단장한 금관총 내부

발굴당시 봉토는 길이(남-북), 너비(동-서), 높이가 약 36×15×6m 정도가 남아 있었으나 주변의 지형을 볼 때 원래는 대형고분의 모습을 하고 있었을 것으로 봉분의 규모는 바닥부분의 직경 약 45m에 높이는 약 12m 정도는 되었을 것으로 추정하고 있다.

봉토의 축조수법은 자갈과 흙을 교대로 쌓아 올렸으며, 덧널 바닥은 지반을 깊이 약 40㎝ 정도로 파내고 돌을 깔아 만들었고, 그 위에 세운 덧널[木槨]과 돌무지[積石部]는 모두 지상에 설치되었다. 덧널 바닥에는 두께 약 9㎝ 정도의 판재가 깔려 있었고, 이 판재와 약간의 사이를 두고 일렬로 놓인 석렬(石列)이 돌아가고, 판재와 석렬의 사이에는 냇돌[川石]이 깔려 있었다. 나무널(木棺) 주위에는 장방형덩이쇠[長方形鐵鋌]가 열을 지어 있었으며, 큰칼 등의 무기가 출토되었고 나무널 안 서쪽에 신발이 있었다. 나무널은 길이, 너비가 2.5×1.0m인 칠관(漆棺)으로 추정되고 있으며, 칠관의 내부에서 금관 등의 각종 장신구류가 출토되었다.

금관총 이사지왕 그래픽도
(사진출처: 경주박물관)

재현된 모습에서 나무기둥이 격자로 세워진 것은 발굴 당시 격자로 나무기둥 크기의 구멍과

기둥으로 추정되는 목재 유물이 발견되었는데 이는 축조과정에서 냇돌이 무너짐을 방지하고 전체적인 균형과 무덤의 크기 등에 영향을 주었으리라 추측되고 있다.

금관총에서 출토된 유물들

국보-금관총금관
(사진출처: 문화재청)

이 무덤에서는 각종 장신구로 금관 이외에도 순금제귀고리, 금제와 은제의 팔찌, 반지 등과 각종구슬, 금제와 은제의 허리띠, 금동제신발 등이, 무기류로는 도검(刀劍), 갑옷(甲冑), 창신(槍身), 쇠화살촉[鐵鏃], 쇠도끼 등이, 마구류(馬具類)는 밀안징금구, 말방울, 말띠장식, 교구(絞具), 혁대 금구 등이, 그 외 토기, 목칠기, 유리 용기, 쇠솥[鐵釜], 금속제용기, 조개 제품 등 많은 유물들이 부장되어 있었으며, 금의 총량이 7.5㎏, 곡옥(曲玉)을 포함한 각종 구슬류가 3만 점이 넘게 엄청난 분량이 발굴되었다.

여기에서 출토된 각종 유물들은 국립중앙박물관과 경주박물관에 분산 보관되어 있고, 그 중에서도 특히 순금으로 제작된 금관과 허리띠장식일괄품은 1962년에 각각 국보로 지정되어 있는데, 금관은

'금관총금관'이라는 명칭으로, 허리띠장식은 '금관총금제허리띠'라는 명칭으로 지정 보존되고 있다.

금관총 금관 및 금제 관식을 좀 더 살펴보면 금관은 높이 44.4cm, 테 지름 19cm이다. 국립중앙박물관이 소장하고 있으며 전형적인 신라식 금관으로, 둥근 테 중앙과 좌우에 3개의 출자 모양 입식과 뒤쪽에 2개의 사슴뿔 모양 입식을 부착했다. 표면에는 많은 점무늬가 있으며 금제 달개와 곱은옥을 매달아서 화려하게 장식했다. 관테의 양옆에는 금실과 금제 달개로 만든 드리개를 늘어뜨렸으며, 그 끝에는 금모를 씌운 곱은옥을 매달았다. 이러한 금관은 외관이고, 내관으로 생각되는 관모는 삼각형·T자형·마름모꼴 등의 문양이 투조된 삼각형 모양의 모자이며, 관 밖에 따로 부장되어 있었다.

국보-금관총금제허리띠
(사진출처: 문화재청)

금관총 금제허리띠는 길이 109cm, 띠드리개 길이 54.5cm. 국립중앙박물관이 소장하고 있으며 사각형의 띠꾸미개와 심엽형의 수하부를 1벌로 모두 40개를 연결했고, 그 아래에는 기다란 허리띠드리개와 드리개를 늘어뜨렸다. 드리개의 하단에는 여러 가지 물건들을 상징한 금구와 곱은옥이 달려 있다.

특히 유물 중 고리자루 큰 칼집 장식은 금관총의 주인이라고 생각되는 '이사지왕도(尒斯智王刀)'라는 다섯 글자가 새겨진 칼집 조각과 일제강점기에 미처 수습하지 못한 유물을 여러 점 더 찾아냈는데,

그 중 2015년 7월 30일 국립중앙박물관과 국립경주박물관이 금관총 재발굴 과정에서 '이사지왕도'라 새겨진 금제 칼집 끝 장식을 발견했다고 발표했다.

발굴된 금제 칼집 끝 장식의 양쪽 면에는 이사지왕도와 십(十)자가 각각 새겨져 있다. 이사지왕도 반대편에 새겨진 십(十)자는 주술적인 의미를 담고 있다고 추정하기도 한다.

이사지왕이 새겨진 칼집 끝
(사진출처: 문화재청)

이사지왕은 누구인가?

금관총을 5세기 경에 축조된 것으로 볼 때 최근에 이 고분을 자비마립간릉(慈悲麻立干陵)에 비정하는 의견이 제시되고 있다.

신라 고분에서 출토된 유물 중 왕의 이름이 새겨진 것은 금관총 출토 고리자루 큰칼이 처음이다. 결과적으로 이사지왕의 무덤이라는 점은 분명하다.

그러나 『삼국사기』나 『삼국유사』 등 신라 시대 왕들을 확인할 수 있는 고서에서는 이사지왕이란 이름이 등장하지 않아 추가 연구가 필요하다고 본다.

'이사지왕이 누구인가?'의 물음에 대한 답은 결론부터 말하면 '알 수 없다.'이다.

일각에서는 『삼국사기』 「지리지」에서 노사화현(奴斯火縣)과 자인현

(慈仁縣)이 대응된다는 점을 고려하여 '자비롭다'라는 뜻의 고대 한국어 어휘를 *nese로 재구성(再構成)하고, 이를 바탕으로 당대 한자음이 *nese-ti에 가까웠던 이사지왕이 자비 마립간의 이표기일 것으로 추정하기도 한다. 또한 신라 경덕왕이 전국의 지명을 바꾼 영향으로 보는 견해도 있다.

YouTube 채널 '향문천 - 글과 울림의 샘'을 운영하는 향문천에 의하면 고대 우리말과 한자어에서 발음의 변천을 잘 설명하고 있다. 이의 발음의 변천 학설을 근거로 자비마립간의 신라시대 이름은 이사지왕이라고 확신하는 학자들이 많다.

금령총(金鈴塚) 이야기

무덤의 주인은 나이 어린 왕족

금령총은 일본 강점기 시대에 1924년 일본인 우메하라(梅原末治) 등에 의해 발굴 조사되었다. 봉토는 발굴되기 전에 이미 크게 파괴되어 남북 길이 약 13m, 높이 약 3m의 반달형으로 남아 있었다. 당시 노동리 2호분이라 부르던 고분을 발굴하다가 무덤의 허리 지점에서 금방울 한 쌍을 발견하여 무덤의 이름을 「금령(金鈴)」이라 했다고 한다. 금령총은 신라 초기의 돌무지 덧널 봉토분(積石木槨封土墳)이다. 무덤의 널 안에서는 금관을 비롯하여 이식(耳飾)과 경식(頸飾), 팔가락지, 지환(指環), 과대(銙帶), 요패(腰佩), 소형환두대도(小形環頭大刀), 금령(金鈴), 족옥(足玉)의 순으로 출토되었다. 부장품의 배치 간격이 좁고, 장신구(裝身具) 등이 소형인 것으로 보아, 피장자(被葬者)는 고대 신라의 나이 어린 왕자였을 것으로 추측되고 있다. 널 밖으로는

국보 제91호 기마인물형토기

피장자의 머리 부분 위쪽에 부장품이 집중되어 있었는데, 상하 3단으로 나뉘어 있었다. 하단에는 용기류(容器類), 중단에는 마구류(馬具類)와 칠기류(漆器類), 상단에는 이기류(利器類), 장신구류 등이 배치되어 있었다.

금제 방울 한 쌍

풍부한 부장품 중에서도 소형방제경(小形髣製鏡), 기마인물형토기(騎馬人物形土器), 주형토기(舟形土器) 등은 드문 경우로 보인다. 출토유물로 보아 5세기 말에서 6세기 초의 것으로 짐작되고, 그 위치는 봉황대 고분이 소재한 대릉원의 북쪽 구역이었다.

금령총은 대릉원 고분군 중에서 중소형 고분에 불과하지만, 대릉원이 신라 고분들 중에서 당연히 왕의 무덤군으로 위계가 가장 높은 곳이기에 금령총 또한 당시 최상위 묘제인 적석목곽묘 구조로 축조되었다. 금령총에서도 금관을 포함하여 신라 상위 신분의 상징 유물들이 모두 출토되었다. 무덤의 피장자를 모델로 제작하였다는 기마 인물상은 역사 교과서에도 사진이 자주 등장하는 국보로 지정된 기마인물형토기 한 쌍이다. 이 유물은 피장자의 영혼 세계에서의 여행하는 모습을 나타낸 것으로 당시의 마구 및 마장(馬將)의 형태를 파악할 수 있으며, 조각과 복식 자료로 매우 중요한 유물로 취급된다. 그리고

곡옥 장식이 없는 금관

금령총에서 출토된 금관은 지금까지 발견된 신라금관 중에서는 가장 작고 곡옥 없이 금으로만 만든 간소한 형태로 제작되었다. 금관의 크기가 작고 피장자의 키가 1m가량으로 추정된다는 점을 보아 10세 전후 어린 왕자의 무덤으로 본다고 한다. 이 금관은 보물로 지정됐다.

2018년부터 3차에 걸쳐 재발굴하였다.

금관의 크기나 고분 자체의 규모는 물론, 피장자가 완연한 성인이 아닌 점을 종합하면 왕릉이 아니라고 볼 수 있는 무덤이다. 그런데도 금관이 출토되었던 점은 금관이 「왕」만을 상징하는 물건이 아니었음을 보여주는 근거가 된다. 일본인에 의한 22일 만의 발굴조사는 그 당시 시대적 한계도 있었고, 현재의 고고학적 기준으로 보면 여러모로 부족했기 때문에 100여 년이 지난 21세기에 다시 발굴조사가 시작되었다. 재발굴은 국립 경주박물관에서 2018년부터 2020년까지 3차에 걸쳐 300일 동안 진행하였고, 그 결과 새로운 여러 가지 정보를 확인할 수 있었다. 이 재발굴 과정에서 말 모양 토우가 발견되기도 했다.

말 모양 토기

말 모양 토우는 높이가 56㎝ 내외로 국내에서 출토된 것 중 가장 크다. 기마인물형토기와 같은 수법으로 말을 묘사하였으며 마구의 형태 또한 유사하나, 미소를 띠는 대신 입을 벌린 채 혀를 내밀고 있는 모습으로 만들어졌다. 또한 실제 말의 신체 비율에 가깝게 제작하였으며, 얼굴과 넉,

목, 발굽 등 각 부위를 정밀하게 표현하였다. 그리고 등과 배 부분이 깔끔하게 절단된 흔적으로 보아 의도적으로 깨뜨려 무덤에 봉헌한 것으로 추정된다.

재발굴조사 결과 무덤의 호석(護石) 둘레에서 굴과 조개 등 봉헌물이 담긴 큰 독이 일정한 간격으로 30개 넘게 발견된 점이 특히 주목할 만하다. 금령총은 이번 발굴조사에서 지름이 종래 알려진 것보다 8m가 긴 28m로 확인됐지만, 여전히 규모가 큰 편은 아니다. 그러나 금령총보다 더 큰 인근 서봉총 등도 호석 둘레에서 제사용 토기를 발견했지만, 금령총처럼 많지는 않았다. 제사용 토기 안팎에서는 말, 소 등의 동물 뼈, 뚜껑접시인 개배(蓋杯), 흙 방울, 유리구슬 등도 출토됐다. 호석 주변으로 다수의 토기 조각을 의도적으로 깨어서 뿌렸던 것으로 추측된다. 호석 범위 전체에 토기가 출토된 층으로 보아 무덤을 만드는 과정과 완성된 뒤에 성대한 제사를 여러 번 지낸 흔적으로 보인다.

장신구가 대체로 소형이어서 왕릉이라기보다 어린 왕족이 묻힌 것으로 추정해왔었는데 금관을 비롯해 금제 방울과 허리띠, 옥팔찌,

금령총의 봉분을 평지로 만들었다.

큰 칼 등 왕릉급 무덤에서 나오는 유물이 확인되고, 성대한 제사를 지낸 흔적들로 보아서 이전까지 어린 왕족이 묻힌 것으로 추정했던 이 무덤이 왕릉일 가능성도 조심스럽게 제기되고 있다. 당시 신라인들이 밟고 다녔던 땅은 현재 지표면보다 2m 정도 낮았다고 발굴보고서에서 밝히고 있다. 그리고 발굴조사 결과 금령총의 실제 규모는 지름 30m 내외이고, 높이는 7.5m 내외에 달했음을 밝혀졌다. 그러나 재발굴 후에 지면보다 약간 높게 면을 돋우고 봉분을 편편하게 만들어 관리하고 있다.

일제 수탈 발굴의 서봉총(瑞鳳塚)

포항 물회집 앞 도로는 경주 읍성의 남문(징례문, 徵禮門) 자리이다. 이 도로는 지금의 황리단길을 통과하여 내남으로 이어진다. 포항 물회집에서 황리단길 입구까지의 도로를 '봉황로'라 부른다. 조선시대 이 도로는 징례문에서 남쪽으로 이어진 가장 중요한 거리였다. 봉황로의 서쪽은 노서동이고 동쪽은 노동동이다. 이 길과 태종로가 교차하는

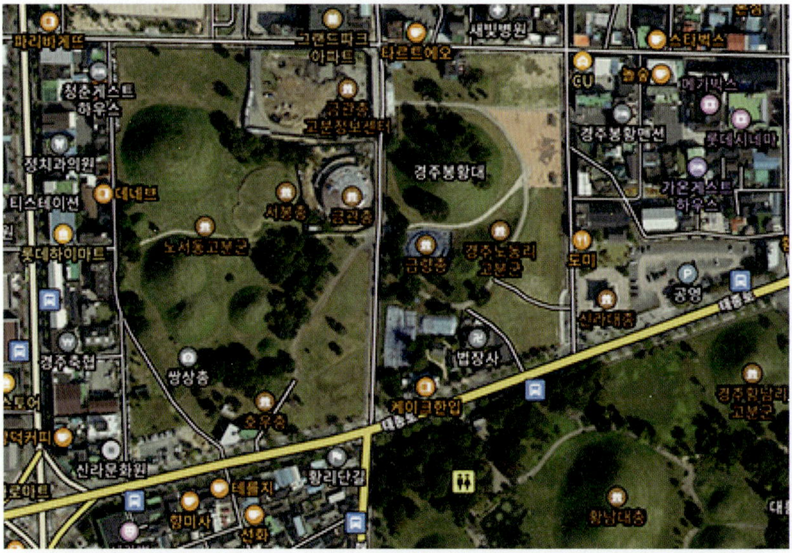

서봉총 근처. 이곳은 노서동, 노동동 고분군이 자리하고 있다. (사진 출처: 다음지도)

지점에 많은 고분들이 산재하고 있는데 봉황로 서쪽 고분군은 노서동 고분군이고 동쪽은 노동동 고분군이다.

서봉총은 노서동 고분군에 위치해 있는데 여기에는 금관총, 호우총, 쌍상총, 마총, 은령총 등이 있으며 최근에 건립된 고분정보센타도 있다. 노서동과 노동동 고분들은 모두 둥근 봉분을 가지고 있으나 봉분이 없는 고분이 서봉총이다. 금관총 서쪽에 자리하고 있으며 안내판도 여럿 세워져 있어 눈길을 끈다. 또한 이 고분은 단면이 표주박 모양으로 되어 있어 다른 고분들과 확연하게 구분할 수 있다. 대개 신라의 고분들은 유물만 나올 뿐 그곳에서 역사적 판단을 할 수 있는 기록이 발견되지 않는다. 지금부터 이야기할 서봉총도 그러한 특징을 가진 고분으로 여타 고분과 다른 특별한 그 무엇을 찾아보고자 한다.

스웨덴 황태자 구스타프와 일본의 발굴쇼

서봉총 발굴 당시의 모습. 주변에 민가와 채전 등이 둘러싸고 있다.(사진출처: 다음 백과)

이 무덤도 분명히 이름이 있었을 것이다. 그러나 천년 넘은 시간의 흐름과 함께 이름을 잃어버렸다. 우리는 자신의 이름에 많은 의미를 붙인다. 무덤 또한 그러한 무거운 의미가 있었을 것이다. 그러나 천년도 훨씬 지난

1900년대 초 일인들이 붙인 이 무덤의 이름은 129호분이었다. 경주시 노서동 129호분은 그래서 세상에 존재를 알리게 된 것이다. 이 무덤은 신라시대 5세기에 조성된 적석목곽분(積石木槨墳)이다. 이미 무덤 사이에 인가가 조성되면서 상당히 훼손되었다. 봉분도 무너지고 그 안의 돌들도 온전한 상태로 보존되어 있지는 않았다. 식민지 시기 일제는 경주역(협궤열차 역, 지금경주공고 근처)을 만들면서 조선경동철도회사(朝鮮慶東鐵道會社)에서 기관차고를 짓는데 이 무덤의 돌들과 흙들을 사용하고 있어 이 무덤의 봉분토와 무덤 일부는 상당히 훼손이 된 상태였다.

일제 식민지 당시 1921년에 우연히 금관총의 발굴에서 금관이 발견되자 일본의 고고학자들이 대거 경주로 개미떼처럼 몰려들기 시작했다. 이들은 신중한 사전 준비도 없이 여기 저기 무덤을 파기 시작했다. 1924년에 금령총(金鈴塚)과 식리총(飾履塚)을 발굴하였다. 그러나 이들 고분은 봉분이 없는 고분으로 고분의 전체적인 모습을 알 수 없어 봉분의 일부가 남아 있던 이 고분을 1926년 발굴하기로 한 것이다. 하지만 이들은 매장 주체와 매장된 유물에만 관심이 있었을 뿐 봉토와 그 속의 돌들은 걷어내어야 할 일을 잡일로 인식하여서 이 무덤을 선택한 것이다.

이에 1926년 일본의 총독부 촉탁 고고학자 고이즈미 아키오(小泉顯夫)가 중심이 되어 봉분이 반쯤 날아간 이 고분을 발굴하기 시작했다. 마침 스웨덴의 구스타프 황태자 내외는 신혼여행차 아시아 여러 나라를 여행 중이었다. 일본 고고학자들이 이 무덤의 발굴이 한창 진행될 때 황태자 일행은 일본에 머물고 있었다. 일본 정부는 황태자가 고고학자인 점에 착안하여 황태자에게 이 무덤의 발굴에 참여해 달라고

금관 발굴의 순간. 무릎을 꿇은 사람이 황태자이고 상단의 흰모자를 쓴 여자가 황태자비 루이즈 마운트베튼이다.(사진출처: 다음 백과)

간청하였다. 황태자는 고대 동양의 고분 발굴에 참여할 기회가 생긴 것에 흥미를 느껴 쾌히 승낙하고 조선총독 사이토 마코토와 함께 1926년 10월 9일 관부연락선을 타고 부산항에 도착하여 곧바로 경주로 이동하였다. 오전 10시에 노서리 발굴현장의 발굴 작업에 참가했다. 그러나 이 발굴 작업은 일종의 쇼였다. 이미 발굴이 사실상 완료된 상태인데 금관이 든 목관을 다시 흙으로 덮어 황태자가 걷어내게 한 것이었다. 황태자는 금관을 직접 발굴해서 1500년 전의 찬란한 금관을 확인하고 이를 나무상자에 넣어 박물관에 가서 세척 작업까지 했다고 한다. 경주에 하루 더 머문 후 4일 늦게 서울과 평양을 거쳐 중국으로 갔다.

이리하여 이 무덤의 이름은 스웨덴의 나라 이름 첫 자인 '서(瑞)'와 봉황(鳳凰)이 달린 금관이 출토된 무덤라 하여 '봉(鳳)'자를 따와 서봉총(瑞鳳塚)이라 하였다. 그러나 이는 우리 땅의 우리 무덤에 대한 이름조차 일제의 발굴외교의 하나로 명명된 것이어서 무덤의 이름조차 아픈 역사의 단면을 보여준다.

서봉총의 유물은 이 무덤의 주인공은 여자 !

그 당시 일본 정부는 서봉총을 정치적으로 이용한 후에는 무관심으로 일관하며 내버렸다. 이 발굴을 주도했던 고이즈미 이키오 역시 공식적인 발굴 보고서를 작성하여 발표하지 않았다. 그러나 그당시 서봉총 북분의 발굴 결과 매장 유물은 대단하여 지금도 새로운 이야기를 만들어내고 있다. 민족문화대백과사전 11권(722쪽~723쪽)에서 다음과 같은 설명을 볼 수 있다. 조사 결과 이 고분은 매장부체부인 덧널의 주위와 위에 냇돌을 쌓아 적석부를 구축하고 그 위로 흙을 쌓아 봉분을 만들고 봉분 주위로는 냇돌로 호석을 쌓아 두른 신라 특유의 돌무지덧널무덤〔積石木槨墳〕으로 밝혀졌다. 고분 중심부의 원지반에 동서 길이 4.7m, 남북 너비 3.7m, 깊이 60㎝의 얕은 토광을 파고 그 내부에 냇돌을 2단 정도, 다시 그 위에 잔자갈을 12~15㎝ 정도 깔아 바닥을 구축하고 덧널을 설치하여, 덧널은 완전히 지상에 위치하였다. 덧널은 두께 15~18㎝의 각재로 짰으며, 크기는 동서 길이 3.6m, 남북 너비 2.2m로 추정되었다. 덧널 벽과 돌무지 사이에는 잔자갈을 채웠는데 이곳의 잔자갈에는 붉은 색으로 주칠(朱漆)된 것이 많았다. 덧널 안에는 약간 서쪽으로 치우쳐 피장자가 안치된 나무널을 동서로 길게 놓았고 그 동쪽은 부장품 구역으로 되어 있었는데, 이 부장품 구역은 장축이 남북인 직사각형 모양이어서 원래 나무로 짠 부장품 수장궤가 나무널과 T자형 배치를 이루고 있었던 것으로 판단된다. 적석부는 덧널을 중심에 두고 동서 길이 17.4m, 남북 너비 10.2m의 범위에 각을 죽인 직사각형으로 냇돌을 쌓아 올려 구축하였는데 남아 있는 최고 높이는 4.7m였으며, 적석부 표면은 흑갈색

점토로 피복되어 있었다. 적석부 위로 쌓은 봉토는 남아 있는 호석으로 보아 직경 약 36m, 높이 약 9.6m로 신라 돌무지덧널무덤 가운데 대형급에 속한다.

출토유물을 살펴보면, 나무널 안에서는 동쪽으로 머리를 둔 피장자가 착장하고 있었던 금관과 관수식(冠垂飾), 금제 태환식(太環式) 귀걸이, 마노 대롱옥·수정 다면옥·각종 곡옥을 꿰어 만든 목걸이, 금·은·유리구슬을 꿰고 끝에 비취곡옥을 단 가슴장식, 금제과대(金製銙帶)와 요패(腰佩), 금·은 팔찌와 유리팔찌, 금반지 등의 장신구가 출토되었다. 금제 태환식 귀걸이는 이외에도 금관의 동쪽과 과대 아래에서도 요패들과 함께 출토되었다. 나무널 안에서는 이와 같은 장신구 외에는 소형의 금동장 도자가 1점 출토되었을 뿐이며, 대형요패가 피장자의 오른쪽 허리 아래에 착장되어 있었다. 이는 관수식과 귀걸이가 태환식인 점과 함께 여자 무덤이 확실한 황남대총(皇南大塚) 북분과 같은 특징이어서 서봉총의 피장자가 여사였음을 밀해준다. 피장자가 착장한 장신구 중 금관은 다른 신라 금관과 마찬가지로 테 위에 나무모양 장식과 사슴뿔모양 장식을 세운 것이나, 내부에 속모자 모양의 골격을 설치한 것이 다르다. 이 골격은 금관의 테 안쪽에 금판을 전후좌우로 세워 위에서 '십(十)'자 모양으로 교차시키고, 그 교차점에 세 마리의 봉황형 장식이 달린 금판을 부착시킨 것이다. 유리팔찌는 다른 신라 고분에서는 유례가 없는 것이며, 요패들과 함께 피장자 허리부분에서 나온 태환식 귀걸이는 태환을 사격자(斜格子)로 투조한 것으로 이례적이다.

나무널 동쪽의 부장품 구역에는 바닥에 세발 달린 쇠솥 2개와 각종 토기를 배치하고, 그 위에 칠기(漆器), 금·은·청동제 그릇, 유리그릇,

마구(馬具), 각종 유리구슬들이 놓여 있었다. 그 중에는 뚜껑에 새모양 꼭지가 달린 청동 초두(鐎斗), 금제완 2개, 은제대합이 있다. 칠기 중에는 입과 끝부분에 금동장식을 끼운 뿔모양 잔, 연꽃무늬가 그려진 국자와 잔 등이 포함되어 있었다. 유리용기는 2개가 출토되었는데, 하나는 몸통부분에 청색 물결무늬가 배치된 대부배(臺附杯)였고, 다른 하나는 남색의 완이다. 부장품은 이외에도 나무널의 좌우와 서쪽에서 약간의 철기류가 출토되었다.

이 부장품들 가운데 은제대합(銀製大盒)에서는 뒤에 뚜껑 안쪽 면과 그릇 바닥에서 바늘 같은 것으로 새긴 명문이 발견되었는데, 그 내용은 연수 원년인 신묘년 3월에 대왕(大王)이 이 은합을 만들었다는 것이다. 서봉총 은합의 이 명문은 경주 호우총(壺杅塚) 출토 청동호우에 새겨진 을묘년명(乙卯年銘)과 함께 지금까지 신라 돌무지덧널무덤에서 발견된 단 2개의 기년명 가운데 하나로 신라고분의 편년 연구 등에 극히 중요한 자료가 되고 있다. 다만 불행히도 연수는 지금은 알 수 없게 된 잃어버린 연호로서, 고구려의 연호였을 것으로 추정될 뿐 그 사용 시기를 정확하게 알 수는 없으나, 여기서 신묘년은 서기 391년, 451년, 511년 가운데 하나일 것이다. 서봉총의 상대연대는 황남대총 남·북분보다는 늦고 천마총(天馬塚)·금령총보다는 이른 시기로서 신라에서 돌무지덧널무덤 축조기의 중기 쯤에 해당된다. 신라 돌무지덧널무덤은 6세기 전반경에는 이미 소멸되었으므로, 은제대합의 신묘년은 서기 511년은 너무 늦고 대체로 451년이 타당할 것으로 판단된다. 서봉총은 이 연도에서 멀지 않은 5세기 중엽경에 축조된 것으로 추정되며, 고분의 규모와 출토유물로 보아 당시 신라의 왕비나 또는 왕비에 버금가는 최고 지배층의 여성 묘였을 것이다.

금동신을 신고 건넜는가, 이승과 저승사이를! -식리총(飾履塚)-

어떤가, 이름이 낯선가?

가객(歌客)을 알 수 없는 다음과 같은 시조가 「병와가곡집」에 전하고 있다.

'백설이 만정(滿庭)한데 바람아 불지마라
예리성(曳履聲) 아닌줄을 판연(判然)히 알건마는
그립고 아쉬운 적이면 행여 긘가 하노라'

큰 고분인 봉황대옆 식리총(飾履塚)

학창시절 한 번쯤 접해본 경험이 있으리라. 여기서 예리성(曳履聲)은 애타도록 기다리는 그리운 이가 나를 찾아오는 신을 끄는 소리라고 했다.

꾸밀 식(飾), 신 리·밟을 리(履), 무덤 총(塚).

식리(飾履)가 신발이라는 뜻이고 식리총(飾履塚)은 아름다운 신발이 나온 무덤이다.

신발! 발에 신고 어디론가 훌쩍 떠나가는 모습이 그려진다.

아름다운 금동신발을 신고 누가, 어디로 떠났을까…….

경주 노동동 126호분, 식리총

경주시내에 있는 노동동고분군에는 봉황대와 식리총, 금령총이 있다.

지금 현재 봉황대로 불리는 고분 바로 남쪽편에 식리총이 있다. 1924년 일본인에 의해 식리총 가까이 서쪽에 있는 금령총과 함께 발굴 조사되었는데 적석목곽분의 원형봉토분으로 밝혀졌다.

발굴 당시 고분주위에는 집들이 들어 서 있었다고 하며 봉토의 윗부분은 많이 깎여나간 상태였다고 한다.

발굴 결과 봉분 높이는 6m정도에 직경은 30m정도의 중형급 무덤으로 추정된다고 하는데 현재도 봉분 위쪽의 상당부분은 남아 있지 않고 그 아래쪽 높이 3m(?)정도의 고분 밑바닥 일부만 형태를 유지하고 있어 둥근 세수대야를 거꾸로 엎어놓은 모양이다.

내부구조는 돌무지덧널무덤[積石木槨墳])으로 덧널을 설치했으며 덧널의 안쪽 바닥에는 서쪽으로 치우쳐 널[木棺]을 안치했었다고 한다. 동서 방향으로 놓인 널의 동쪽에는 부장품상자가 비치되어 있었다.

동쪽으로 머리를 둔 피장자가 누웠던 자리에는 피장자가 직접 장착했을 것으로 추정되는 금제관드리개[金製冠垂飾], 금귀걸이, 유리구슬 목걸이, 은허리띠와 띠드리개, 은팔지의 장신구와 철제고리자루큰칼[鐵製環頭大刀]이 출토되었다.

부장품상자가 있던 구역에서는 표면에 문양이 새겨진 청동국자, 뚜껑의 손잡이가 새모양으로 만들어진 청동합(靑銅盒, 뚜껑이 있는 그릇), 말안장꾸미개, 그리고 왕릉급 무덤에서나 출토됨직한 자루솥[鐎斗] 등이 발굴되었다.

"금관보다 화려한 무늬로 장식된 금동신발"이 이름을 지은 식리총

이 무덤에서는 피장자의 주인이 누구인지 알 수 없으며 금관이나 금동관이 없는 대신 널[木棺]의 서쪽인 피장자의 다리쪽에서 '금관을 무색하게 할 만큼의 화려한 무늬들로 뒤덮인'13 금동제 신발(=식리, 飾履)이 발견 되었는데 이로써 이 무덤의 이름을 식리총(飾履塚)이라 하였다. 국립중앙박물관의 김현희 큐레이트는 "금관보다 화려한 무늬로 장식된 금동신발이 발견되었다"로 표현하고 있다.

국립중앙박물관 큐레이트추천소장품 식리총금동신발 소개글(?)의

13 국립중앙박물관, 큐레이트추천소장품, 식리총금동신발, 김현희.

식리총 금동신발
(사진출처: 국립중앙박물관)

내용을 간추려보면, 금동신발의 길이는 32㎝라고 한다. 이 신발은 3매의 금동판을 조립하여 만들어졌으며 3매의 금동판은 갖가지 무늬들로 가득차 있으며 바깥쪽은 불꽃무늬, 안쪽에는 거북등무늬로 구획한 후 그 안에 다양한 동물과 새무늬 등을 배치하였다고 한다.

동물무늬에는 현무, 주작, 호랑이 등이 확인되고 특히 발뒤꿈치부분에는 용무늬가 배치되었다

가장 화려한 무늬가 배치된 바닥판의 경우 뿔을 가진 도깨비, 마주 보고 있는 두 마리의 새, 날개달린 물고기, 사람얼굴에 새의 몸을 가진 가릉빈가 등 상상 속의 동물무늬, 11개의 연꽃무늬들로 가득 차 있다. 이것은 죽은 이가 편안히 저승으로 갈 수 있도록 배려하고자 하는 바람이 담긴 것이라 한다.

여백이 없을 정도로 빼곡히 들어차 있는 무늬들로 만들어진 식리총의 금동신발은 신라, 고구려, 백제를 통 털어 금동신발 중 최고의 자리를 차지하고 있다고 하며 그 위치는 현재까지도 여전히 이어져 있다고 한다.

한편 한국민족문화대백과사전에 의하면 이 고분의 축조연대는 5세기 말엽으로 편년 되며 신라왕의 무덤이라기보다는 그 당시 왕족이거나 최고의 귀족무덤으로 판단되고 피장자는 남자일 것으로 추정되고 있다.

사바세계는 어떻게 건너야 하나

비가 많이 와도 걱정, 날씨가 더워도 걱정. 극한호우니 지구열대화 시대라느니 거기다 개인 각자의 번뇌, 갈등, 원망, 욕심, 집착까지. 역시나 차안(此岸)인 우리가 사는 이승의 번뇌를 벗어나 피안(彼岸)의 세계에 도달해야 하거늘, 이 사바세계는 어떻게 건너야 하며 잘 건너기 위한 신발이 있기는 있을까.

우리나라 조선시대에는 신발이 계급의 상징이었다는데 관료는 가죽신을 신었고 그 중 정1품부터 3품까지는 징을 박은 가죽신으로 추정되는 신발을 신었다고 한다

신발 하면 '이멜다 마르코스'의 1,000켤레의 구두가 생각나기도 하는데 그것보다는 '문수(文數)가 다른 아홉 켤레의 신발'이 있는 가정에 '십구 문 반' 신발을 그들 옆에 벗는다는 박목월 시에 '군함 같은 신발이 식솔들의 먹이를 물이 나른다'는 시인 김사인의 감상 맛이 더 가슴에 와닿는다.

그 뿐일까, 신달자의 '헛신발'이라는 시도 이 세상을 살아가는 세태를 그리고 있다.

……

혼자 사는 게 아니라고
절대 아니라고
남자 운동화에서 구두에서
좀 무섭게 보이려고 오늘은 큰 군용 신발 하나
동네에서 얻어

섬돌 중간에 놓아 두었다
(下略)

그런가 하면 1987년 민주화운동의 도화선이 된 인물을 기념하는 '이한열기념관'에는 그가 신었던 신발 한 짝이 복원되어 전시돼 있다. 비록 한 짝의 운동화이지만 역사의 흔적으로!

이쯤에서

'지금의 내 신발은 주인된 삶을 살고나 있는지,
지금의 내 신발은 제 갈 길을 제대로 걷고나 있는지,
그래서 비록 금동신이 아니라도 이승에서 저승으로 무사히 건널 수가 있을지'

생각을 해 본다.

청룡암 주지 원영스님은 사바세계는 자비로 건너야 한다는데 시인 양점숙은 묻는다.

"금동신발 신고 간 세상에선 행복할까"

이름은 말 무덤이지만 왕릉인 천마총(天馬塚)

경주 관광 필수 코스 대릉원

올해는 유별나게 더위가 일찍 찾아왔다. 너무 더워서 그런지 대릉원에 관광객도 별로 보이지 않는다. 안내원의 말에 의하면 더위 때문에 초저녁이 되어야 관광객이 몰려든다고 한다. 특히 밤에는 여러 조명들이 화려하게 꾸며서 한층 더 볼거리들이 많다고 한다.

대릉원 전경
(사진출처: https://namu.wiki/)

원래 대릉원은 지금 담장으로 둘러쳐진 구역[경상북도 경주시 계림로 9 (황남동)]에 위치한 옛 신라의 왕, 왕비, 귀족층의 것으로 추정되는 대형 고분 밀집지역으로 정했다. 『삼국사기』에 기록된 '미추 이사금을 대릉(大陵)에 장사지냈다.'는 글귀에서 따와 대릉원(大陵苑)이라고 지었다. 대릉원은 황남리 고분군 사적(지적당시 40호)으로 지정되어 있었으나 2011년 7월 28일에 문화재청에서 역사성과 특성을 고려하여 '대릉원지구'라고 사적지로 재지정하면서 대릉원, 노서리 고분군, 황오리 고분군, 인왕리 고분군, 약간 거리가 있는 오릉을 포함시켰다.

대릉원은 최근 젊은이들의 빼놓을 수 없는 관광코스다. '황리단길'과 연결되어 있어 더욱 각광받고 있는 관광명소이다. 대릉원은 무료개방이며, 천마총은 입장료를 받는다.

대릉원 정문

천마총은 왕의 무덤인가? 말의 무덤인가?

천마총의 전체 모습

과거에는 '경주 제155호분'이라고 했지만 1973년에 발굴된 후로는 '천마총'이라 불린다.

천마총이란 이름은 발굴 당시 출토된 천마도 때문에 지었는데, 이를 두고 지금까지 논란이 약간 있다. 우선 고분을 천마총이라 명명할 때, 신라왕의 무덤에 말 이름을 붙인다고 경주 김씨 문중에서 국회에 이름 변경 청원까지 낸 사건도 있었다. 문중이 변경하길 원했던 이름은 '천마도 왕릉'이었다. 결국 이 사건은 문헌내용상이나 발굴조사의 결과로 고분의 주인이 왕임을 확신할 수 없다고 판단, 그대로 천마총이란 이름을 유지하기로 했다.

천마총은 전형적인 적석목곽분(돌무지덧널무덤)이며, 지름이 약 47m, 높이 12.7m이다. 신라시대 최고 지배자인 '마립간' 시기의 권력과 권위를 과시하기 위한 기념비적 구조이다.

여러 연구들을 종합한 결과를 기초로 하여 볼 때 5세기 말에서 6세기 초, 백제 무령왕릉과 비슷한 시기에 축조했다고 본다. 피장자 옆에서 발견된 환두대도에 왕을 상징하는 봉황무늬가 있어서 왕의 무덤으로 추정되고 있다.

문헌상 비정되는 증거는 없지만, 현대 고고학적 연구를 통해 대릉원의 천마총이 바로 시증왕릉이라는 것이 통설이다.

천마총에서 출토된 유물들

내부가 공개된 천마총 입구

천마총에서 출토된 유물은 국보로 지정된 것으로는 천마총 금관, 천마총 관모, 천마총 금제 허리띠, 경주 천마총 장니 천마도(채화형 1점) 등 4점, 보물로 지정된 유물로 천마총 금제 관식

2점, 천마총 목걸이, 천마총 유리잔, 천마총 환두대도, 천마총 자루솥 등 총 6점이나 된다.

1973년 당시 천마총에서 발굴된 유물의 영역별 분류 개수는 장신구류 8,767개, 무기류 1,234개, 마구류 504개, 용기류 226개, 기타 796개, 총합 11,527개이었고, 이 중에서 황금제유물 785점, 금동제 유물 227점, 유리제품 7,735점이었다.

새단장한 천마총 내부
(사진출처: 문화재청)

천마총 발굴은 그 당시 황남대총을 발굴하기 전 발굴기술과 경험을 얻기 위함이었다고 하나 지금도 학계에서는 천마총의 발굴을 과학적이고 모범적인 발굴이라고 평가하고 있다.

2017년 8월 18일부터 2018년 7월 27일까지 내부를 리모델링해 '천마 새터에 다시 모시다.'라는 이름으로 준공식을 마쳤다. 내부 전시가 예전에 비해 매우 현대적으로 깔끔하게 바뀌었고, 뒷면에서도 볼 수 있으며, 부장된 문화재들의 복제품과 터치스크린 등으로 관람객의 볼거리를 한층 더 높였다.

3점이나 발견된 천마도

천마총이라 이름까지 갖게 한 천마도는 말다래에 그려진 천마도이다. 정식이름은 '경주 천마총 장니 천마도'이며 국보로 지정되어

백화수피 채화형 천마도
(사진출처: 문화재청)

금동 투조형 천마도
(사진출처: 문화재청)

있고 경주국립박물관에 소장되어 있다.

천마도 장니는 시신을 안치한 목관이 아닌 부장품 보관장소에서 출토됐다. 천마도는 두 종류가 있다. 1973년 발굴 당시 공개한 자작나무껍질 바탕에 그린 '백화수피(白樺樹皮) 채화(彩畵)형 천마도'와 2014년 추가로 공개한 대나무 살을 엮어 만든 바탕에 금동으로 투조(透彫) 장식한 '금동 투조형 천마도'이다. 채화형 천마도는 2점이며, 투조형 천마도는 1점이다. 이 중 국보로 지정된 천마도는 채화형 천마도 중 하나이다.

금동 투조형 천마도는 발견될 당시 2점이 붙어 있었는데 1점은 천마도가 보이지만 다른 1점은 부식이 심하여 천마도가 보이지 않는다. 그렇지만 이 역시 투조형 천마도 일 것이라고 추측 하고 있다.

또한 칠기(漆器)로 된 장니로 추정되는 유물도 발견되었다. '국립경주문화재 연구소' 발간 '천마총 발굴조사 보고서(1976년)'에서 마구류(馬具類)와 용기류(容器類) 사이에서 칠기장니로 추정되는 유물이 발견되었다. 얇은 칠판(漆板)이 여러 겹 겹쳐진 상태이었으며, 부분적으로만 그림을 확인할 수 있을 정도로 많이 부식되었다. 이 칠판의 표면에는 백색(白色)으로 귀갑문(龜甲紋), 반절화문(半截花紋), 선문

(線紋) 등이 그려져 있다. 귀갑문 안 중앙(中央)에 오리모양의 조형문(鳥形紋)이 하나씩 엷은 황색으로 그려져 있다고 한다.

혹자는 이 그림을 천마도라고 추측하기도 하여 천마총에서 천마그림이 6점이나 발견되었다고 하지만 천마도라고 하기에는 그 그림의 내용이나 상태로 보아 확인하기 어렵다.

칠판(漆板)도 장니와 크기와 모양이 비슷해 장니일 것이라고 추측하고 있지만 확실한 것은 아니다.

천마도 그림에 그려진 동물이 천마, 즉 말(馬)이 맞는지도 논란이 되었다. 2009년 9월 적외선 촬영 결과 천마의 머리에 육안으로는 잘 보이지 않던 기린의 특징인 뿔이 등장했다. 그래서 천마도에 그려진 동물은 천마가 아닌 기린이라는 주장이 나왔고, '무덤 이름도 기린총으로 바꿔야 한다.'는 의견도 제시되기도 하였다. 기린도 고대에는 봉황이나 용과 마찬가지로 제왕의 상징이었다.

그러나 2023년 국립중앙박물관이 '한국 박물관 개관 100주년 기념 특별전'을 준비하는 과정에서 '천마도'의 적외선 사진을 찍었더니 '머리 양쪽에서 지금까지 보이지 않았던 두 개의 뿔이 선명하게 드러났다'고 밝혔다. 이번에 찍은 고화질 사진을 통해 당시 뿔로 보였던 것은 큰 갈기의 일부로 판명됐고, 그 좌우에서 새로 뿔 두 개가 확인되었다.

필자의 생각으로는 머리에 뿔이 보이든 말든 '천마총 장니 천마도'는 그대로 천마도가 맞다고 생각한다. 다리와 꼬리를 보면 천마가 아니면 설명할 수 없다. 또한 신라시대 왕의 말을 장식함에 있어 신령스러운 동물을 형상화 하였을 것이다. 특히 말의 머리에 뿔을 가져옴으로써 말이 아닌 천마가 되고 더 위엄과 신령함을 보태지 않았을까 생각한다.

천마도 장니를 실제 말에 장착했을 때 채화형이나 투조형 모두 천마의 그림이 한쪽은 앞으로 다른 쪽은 천마가 뒤로 보게 된다. 그 이유에 대하여 일부는 실제 사용했던 것이 아니라 부장품으로 만들었기 때문이라고 하는 설도 있다. 이는 투조형 천마도 장니에서 상세히 관찰하면 밖으로 튀어나온 장식들이 보여 실재 사용하기에 불편하였을 것이라는 주장이며, 또 다른 설은 천마가 앞뒤로 살피면서 주인을 보호한다고 믿는 설에 기인한다는 설도 있다.

필자의 생각으로는 주인 보호설에 무게를 두고 싶다. 왕이 말을 타고 행차할 때 천마가 왕의 앞뒤를 살피며 보호할 것을 기원했을 것이고, 금관총 등에서 발견된 신발들을 신었으리라 보면 천마도 장식의 불편함은 느끼지 못하였을 수도 있다고 본다.

천마총 출토 유물들과 지증왕에 대한 상세한 이야기는 차후 기회가 있으면 상세히 이야기하기로 한다.

명문(名文) 자료가 출토된 호우총(壺杅塚)

고구려에서 건너온 청동 호우(壺杅)

경주 노서동 제140호분으로 1946년 국립박물관이 은령총(銀鈴塚)과 함께 발굴하여 두 고분을 봉토가 연접된 표형(瓢形) 쌍분(雙墳)으로 추정하였다. 광복 직후인 1946년 한국인에 의해 최초로 발굴된 유적으로 은령총(銀鈴塚)과 함께 발굴되었는데 이것은 우리나라 고고학의 시작이라고도 할 수 있다. 이 첫 발굴에서 연대를 알 수 있는 명문 자료가 출토되어 커다란 성과를 거두었고, 신라 고분의 연구에 빼놓을 수 없는 자료가 되고 있다. 아마 당시의 상황으로선 이 호우총의 발굴은 온 세상의 시선을 끄는 일이었을 것이다. 고분은 민가 건축으로 이미 오래전에 파괴되어 봉분은 없어지고 주변보다 약 2m 높은 대지 위에 남아 있었다. 무덤의 발견은 인근에 사는 한 주민이 집 뜰에 호박을 심으려고 땅을 파다가 우연히 순금으로 된 신라의 귀고리를 발견한 것이 단서가 되어 발굴되었다. 그리고 발굴에서 두 고분의 봉토 주위로 두른 호석(護石)이 일부씩 드러나 이를 복원하면 봉토 일부가 겹친다고 본 것이다. 신라 돌무지덧널무덤에서 호석은 반드시 설치되지 않은 경우도 많아 이후의 연구에서는 각각 별개의 고분이었을 것으로 재해석되었다.

월성의 북편에 자리한 이 고분군은 초기 신라 마립간 기의 왕을 비롯한 귀족들의 무덤으로 알려져 있는데 그 형태는 전형적인 돌무지덧널무덤(積石木槨墳)이다. 부장품으로 고구려 광개토대왕을 기념하는 명문이 새겨진 청동 호우(壺杅)가 출토되어 신라 고분 연구에서 중요한 위치를 차지하게 되었다. 나무 널에서 출토된 청동 호우와 관련지어 해석하는 견해가 있다. 청동 호우의 밑바닥에는 「을묘년국강상광개토지호태왕호우십(乙卯年國岡上廣開土地好太王壺杅十)」이라는 명문이 양각으로 새겨져 있는데, 여기서 을묘년은 광개토대왕 사후인 서기 415년(장수왕 3년)에 해당한다. 이 호우는 광개토대왕을 기념하는 의례 행위에 사용하기 위해 고구려에서 만든 것으로, 호우의 외형은 위아래의 높이가 거의 유사한 몸체와 뚜껑으로 이루어졌는데, 뚜껑의 중앙부로 가면서 반구형으로 솟아오르다 정상부에 연봉형의 꼭지가 달린 모습이다. 꼭지 주변에는 두터운 10엽의 화문을 둘렀고 그 주위를 돌아가며 1줄의 융기 동심원과 다시 간격을 두고 3줄의 융기 동심원을, 외연부 조금 못 미친 곳에도 3줄의 융기 동심원을 시문하였다. 아래로 가면서 둥글게 좁아지다가 평편한 바닥으로 처리하였다. 동체의 구연 한쪽 면이 발굴 당시부터 손상되어 현재는 새롭게 복원하여 붙인 상태이며 바닥 면도 갈라진 부분을 보수하였지만 대체로 전체적인 보존상태는 양호한 편이다. 호우가 만들어질 때 마침 고구려에 볼모로 가 있었던 신라 내물왕의 왕자 복호(卜好)와 같은

청동 호우

인물이 가지고 들어 왔을 것으로 보고 있다. 따라서 호우총의 피장자를 복호나 그 후손으로 추정하고 있다. 호우는 현재 국립중앙박물관에 소장되어 있다.

이 명문을 통해 고구려의 그릇이 교류를 통해 신라의 왕릉에까지 묻힌 사실을 파악할 수 있게 되어 당시 신라와 고구려의 대외 교류나 정치적 관계를 살펴볼 수 있는 중요한 유물로 평가받아 왔다. 이러한 역사적 중요성과 함께 청동 호우는 희소한 고구려 금속공예품이라는 점과 함께 명문을 지닌 삼국시대 고분의 편년 자료라는 점에서 그 가치는 더욱 높다.

호우총 발굴은 우리나라 고고학의 시작이었다.

발굴조사 결과, 지하에 토광을 파고 그 안에 덧널을 설치한 다음 덧널 위에 자갈돌을 쌓아 적석부를 구축하고, 그 위로 봉토를 덮은 신라 돌무지덧널무덤으로 밝혀졌다. 덧널의 규모는 발굴보고서에서 동서 길이 4.2m, 남북 너비 1.4m, 높이 약 1.2m이며, 덧널 안에는 약간 서쪽으로 치우쳐 가운데에 피장자를 안치한 나무 널을 놓고, 그 동쪽에는 중요 부장품을 배치하였다. 나무 널의 내면은 흑칠(黑漆)을 한 위에 다시 붉은색의 주칠(朱漆)을 하였다. 덧널 위에는 넓은 범위의 적석부를 구축하였는데, 상부가 파괴되었으나 지표 위로 90㎝ 정도 남아 있었다. 적석부 상면에는 점토가 덮여 있었다. 이와 같은 규모로 보아 호우총은 외형상으로는 신라 돌무지덧널무덤 가운데 중, 소형에 속하는 것이다.

봉분이 평면으로 된 호우총

중요 출토유물을 살펴보면, 목관 안의 머리를 동쪽으로 둔 피장자는 금동관과 고리(環)에 영락(瓔珞) 등을 장식한 금귀걸이, 끝에 비취 곡옥이 달린 유리구슬 목걸이, 금팔찌 1쌍과 금반지, 은반지 각각 5쌍, 은제과대(銀製銙帶)와 요패(腰佩) 등의 장신구를 착용하고 있었으며, 피장자가 차고 있었던 것으로 보이는 금동장 환두대도(環頭大刀)가 나무 널 안에서 출토되었다. 덧널의 윗부분 돌무지 중에서도 마구류가 출토되었는데, 이는 덧널 천장 위에 놓여 있었던 것으로 판단된다. 중요 출토유물을 살펴보면 금동신발, 각종 철제 무기와 공구, 봉황문 장식이 있는 안장과 각종 마구, 뚜껑에 연화문이 새겨지고 몸체가 옆으로 긴 특이한 모양의 청동 용기, 그리고 각종 칠기와 토기 등이 있다. 피장자의 발치 쪽에 도깨비 얼굴 화살통이 발견되었다.

고분의 규모는 비교적 작은 편이지만 출토유물로 보아 이 고분 피장자의 금관과 금제과대(金製銙帶)가 출토된 것으로 보아 신라 왕족이었을 것으로 추정된다. 그리고 토기 형식으로 보아 6세기 초에 축조된 고분이라는 것이 최근 학계의 공통된 견해이다.

쌍둥이 봉황대(鳳凰臺) 황남대총(皇南大塚)

황남 미나리꽝 큰쌍둥이 봉황대

경주사람들은 평지에 있는 산 같은 흙더미를 봉황대라 부르는데, 젖가슴처럼 두 봉우리가 마주보고 있는 것은 '쌍둥이 봉황대'라 부른다. 황남동에 있고 부근 땅 속에서 물이 새어 나와 미나리꽝이 많이 있는 곳의 큰 쌍둥이 봉황대라서 '황남 미나리꽝 큰쌍둥이 봉황대'라 불렀다.

황남대총이 대릉원에서 가장 크다

일제 강점기 조선총독부에서는 경주평지의 봉분 있는 흙더미로 된 옛무덤을 고분으로 인정하고 현황을 파악하기 위해 아무런 뜻 없이 일련번호를 매겨 표시하였으니, 곧 이 무덤은 '제98호분'에 해당된 것이다.

거기다가 무덤 내부를 발굴한 다음에는 독특한 유물의 이름을 내세워 '○○총'으로 이름 짓는데, 이 무덤에서는 여러 가지 값진 온갖 유물들이 많이 출토되었고, 겉모양도 가장 크기 때문에 '황남대총'으로 붙였다.

두 봉분을 쌓아 올린 흙과 돌로 된 전체 토량은 42,300㎥로 15t 덤프트럭 5,000대 분이다. 이렇게 큰 고분을 기계장비 하나 없이 인력으로 파헤치겠다고 달려든 용기는 과연 어디에서 나왔을까?

1973년 7월 6일, 아파트 7층 높이나 되는 황남 미나리꽝 큰쌍둥이 봉황대 남쪽 봉우리 위에는 전에 없던 천막이 쳐지고, 무덤 앞에는 상다리가 휘어질 만큼 제물을 차려놓고 고사를 지냈다. 천지신명과 무덤에 묻힌 이름 모를 피장자의 영혼을 위해…….

그리고는 무덤 꼭대기에서 발굴의 첫 삽질을 했다. 맑던 하늘에 먹구름이 모이면서 천둥번개와 함께 비바람이 몰아쳤다. 나중에야 이런 소문을 듣고 경주시민들 사이에 "임금을 건드려 하늘이 노했다."는 등의 풍문이 돌기도 했다.

이 고분 근방에는 미추왕릉이 있는데, 미추왕은 경주김씨로서는 처음 왕이 된 분이다. 경주김씨 문중에서는 미추왕릉 부근 고분들은 김씨 왕족 무덤일 가능성이 높다면서, "왜 하필 미추왕릉 부근의 무덤을 파느냐?"고 발굴단에 항의를 하기도 했다. 남북 밑길이 120m, 동서 밑길이 80m, 북쪽 봉우리 높이 23m, 남쪽 봉우리 높이

22m인 이 무덤은 그렇게 발굴을 시작하여 1975년 10월에 조사를 끝마치고 지금의 모습으로 다듬어 정비하였다. 이 고분 발굴에는 620여 일이 걸렸고, 동원된 연인원은 32,800명이나 된다.

고분 발굴은 처음이었다.

당시에 고분을 발굴해 본 경험이 있는 고고학자는 아무도 없었다. 그래서 가장 큰 이 고분을 발굴하기 전에 조금 부담이 적은 고분을 먼저 발굴해 보자는 데 의견이 모아졌고, 이때 대상으로 선정된 것이 황남대총과 동서로 마주보고 있던 제155호분, 천마총이었다.

선정의 이유는 경주의 여러 고분들 중 고유번호 마지막인 155번이었던 것과, 황남대총 바로 옆에 있어서 시대 양상이나 무덤 양식, 크기의 차이만 있지 비슷하리라 생각했기 때문이었다. 물론 천마총도 황남대총보다 작을 뿐 대형고분이었으므로 천마총에서 어지간히 유물이 나오면 박정희 대통령도 만족하여 황남대총 발굴을 강요하지 않길

무덤내부를 전시관으로 만든 천마총

기대한 것이다.

이렇게 '예비적 조사 사업대상'으로 선정되어 발굴 조사된 천마총은 내부를 복원 공개했고, 황남대총은 학술적인 발굴조사가 끝난 후 유물을 모두 박물관으로 옮기고 겉모양은 본래대로 되쌓았다.

그 이유는 무덤 속 나무방의 규모나 출토된 유물 등을 감안할 때 사회 교육 자료로서의 효과에 있어서나 경제적인 면에서나 천마총이 황남대총 보다는 유리했기 때문이다.

죽어서도 남남북녀인가?

호리병 박 모양인 이 무덤을 발굴해 보니, 남쪽에 남편이 묻혔고 북쪽에는 부인이 묻혔는데, 남편(마립간기의 최고 지배자로 추정)이 먼저 죽어 무덤을 만든 다음 그 북쪽에 붙여 부인을 묻었음이 밝혀졌다.

우선 남쪽 무덤을 살펴보면, 땅바닥을 50cm 정도 파서 냇돌과 자갈을 깔고, 그 위에 네 면과 천장을 나무로 짠방을 만든 안에 또

사랑이 지극한 이 부부는 누구인가?

하나의 작은 나무방을 만들어 공간을 좁혔는데, 큰 방과 작은 방 사이에는 잔자갈로 채워 놓았다.

바닥에 깔린 자갈 위에는 붉은 옻칠이 되어 있다. 두 겹의 나무방 속에는 또 2중의 나무널이 있었다.

바깥널 안의 동쪽에 껴묻거리 넣는 부분을 칸막이로 만들었고, 서쪽에는 무덤의 핵심인 피장자가 안치된 널이 놓여 있었다. 널 안에는 머리를 동쪽으로 뉜 유골 일부가 발견되었는데 조사·연구한 바에 따르면 60세 전후의 남자 유골로 밝혀졌다. 널 바깥, 작은 나무방 안에서는 20대 전후의 여자 유골 일부가 발굴되어 순장된 여자가 있었으리라 판단되었다.

구 시청 자리에 있는 공영주차장에 차를 대고 대릉원의 후문으로 들어가면 황남대총에 이르기가 쉽다. 12만 6,500㎡의 넓은 땅에 23기의 신라시대 고분이 모여 있는 곳이 대릉원이고, 황남대총이 이곳에서 제일 큰 무덤이다.

신라 공주의 무덤, 쪽샘지구 44호분

쪽샘 마을은 필자가 유년 시절을 보낸 동네다. 많은 집들이 좁고 무질서한 골목길을 따라 집 처마와 처마를 맞댄 그런 동네였다. 이발소, 구멍가게, 다닥다닥 붙은 주택들, 점집, 시장, 약국, 성냥공장, 식당, 술집 등이 밀집되어 있던 곳으로 경주시의 쪽샘지구 정비사업의 추진으로 그 많은 서민의 애환이 서린 동네는 철거되었다.

지금의 대릉원과 쪽샘지구 일대는 많은 고분들이 산재해 있다. 일제 강점기 때 일본인이 일대의 고분(봉분이 잔존하는 것과 유실된

쪽샘유적발굴관(44호분의 발굴관임)

것 포함)에 번호를 달아 표시했는데 155기의 고분이 확인되었다. 우리가 알고 있는 천마총이 155호분이다. 현재 이 지역의 고분은 약 1,000여기로 파악하고 있다.

44호분은 대릉원의 밖에 있었던 고분으로 정비된 쪽샘의 동쪽이며 서쪽으로 대릉원 안에 자리 잡은 90호 고분이 자리하고 있다. 44호분은 민가의 텃밭에 둘러싸여 나무들이 자라는 야트막한 언덕처럼 보였다.

44호분은 이렇게 발굴되었다.

쪽샘 지구는 도시 계획에 의하여 형성된 동네가 아니다. 어른들의 말씀을 빌리자면 사람들이 하나 둘 들어와 살기 전에는 이곳은 중간중간 밭들이 있었고 낮은 봉분과 돌담, 돌무더기들이 무질서하게 펼쳐진 황무지였다고 했다. 경주시가 조금씩 커지고 확장되면서 사람들이 들어와 집을 짓고 살기 시작했는데 자연적으로 형성된 동네라서 골목이 복잡하고 엉켜 있었다. 따라서 매장 문화재에 대한 사전 조사나 고분에 대한 어떠한 주의나 고지도 없었다.

44호분 역시 그러한 운명을 피할 수가 없었다. 사람들이 무덤 주위에 들어와 살면서도 나무가 무성하게 자라는 둔덕이 신라의 고분임을 알지 못하였다. 무덤 가까이 집을 짓고 텃밭을 일구면서 일상을 영위했다. 그 과정에서 이 고분은 훼손되어 봉분이 낮아지고 44호분의 서쪽 호석과 적석 일부가 사라졌다.

2007년 3월 폐고분 조사를 통해 44호분의 위치를 확인했다.

본격적인 발굴은 2014년부터 시작되었는데 장장 1,350일간의 발굴을 거쳐 2023년 7월 4일 오전 11시와 오후 3시에 경주시 서라벌 문화회관에서 시사회 형식의 발굴결과 보고회를 가졌다. 사실 발굴 결과 발표회 이전인 2014년 3월 쪽샘유적발굴관을 건립하여 일반 시민들이 수시로 발굴과정을 확인하도록 했으며 설명회를 개최하였다. 그리고 이 유적발굴관은 지금도 개방하여 언제든지 참관할 수 있다.

봉토를 덮고 있던 초목을 제거하고 봉토를 발굴한 결과 봉분은 긴 쪽이 30.8m, 짧은 쪽이 23.1m이며 적석부는 긴 쪽이 19.1m, 짧은 쪽이 16.4m(높이는 훼손되어 알 수 없음) 로 신라 고분 중 크기가 33번째 해당하는 중형분이 되며 돌무지덧널무덤(積石木槨墓)이다.

적석들은 지금 쪽샘유적발굴관 남쪽과 서쪽에 쌓아 두었는데 적당한 마모가 있는 자연석을 이용하였다. 수량은 대개 약 16만개로 5톤 트럭 약 200대분에 해당된다.

이중의 목관으로 조성한 44호분

무덤의 내부는 덧널로 된 구조였다. 피장자가 묻힌 내부 목관과 외부의 목관으로 이루어져 있었다. 중요한 유물의 대부분은 피장자 시신이 들어 있던 내곽 안에서 나왔으나 내곽과 외곽 사이에서도 다양한 유물이 출토되었다. 피장자는 목관의 중앙보다는 약간 아래 위치해 있었으며 머리 위쪽에는 유물부장궤가 있었으며 발아래에도 유물의 부장 공간이 있는 것으로 파악되었다. 피장자의 머리는 동쪽으로 향해 있었고 피장자가 착용했던 유물들이 신체의 각 부위에서 출토되었다. 발굴과정에서 각종 유기물 흔적이 발견되어 이를 분석하여 많은 비밀을 알아낼 수가 있었다.

44호분의 무덤에서 출토된 유물들

피장자의 머리 상단에서 금동관이 출토되었고 귀가 있던 곳에서 금드리게, 금귀걸이 가슴 부분에서 가슴걸이, 팔의 위치에서 팔찌, 손에서 반지가 확인되었으며 허리에서 은허리띠 장식이 출토되었다. 그 외에도 특이한 유물들이 많이 출토되었는데 비단벌레 장식, 돌절구와 공이 세트, 바둑돌, 운모 등이다. 또한 철솥과 청동 솥, 주전자형 토기, 철제 바늘과 옻칠그릇, 금동신말 은제도자 등 출토 유물이 다양하다.

내곽과 외곽 사이에서의 발견 유물은 도자, 각종 공구, 철겸(鐵鉗, 쇠도구를 단련할 때 집는 집게), 철제 끌, 금귀고리, 토기, 운모 등이 발견되었다. 이와 같은 유물로 미루어 내곽과 외곽 사이에 순장자를 4~5인 정도 추측하기도 한다.

특히 출토 유물에서 발견된 유기물은 매우 흥미로운 것으로 머리카락 다발과 머리카락을 묶은 천조각에서 염색제를 알아 낼 수 있었다. 또한 금동관대의 안쪽에 마직물과 견직물을 덧댄 흔적도 찾아내어 신라사의 새로운 부분을 밝히는 계기를 마련하였다.

돌절구는 피장자의 머리 위쪽 부장궤(副葬櫃)에서 발견된 것으로 바닥이 평평하고 세로로 긴 형태인데, 화강암으로 다듬은 것이다. 높이는 약 13.5cm, 폭은 11.5cm이며 함몰부는 50mL 정도였다.

바둑돌은 피장자의 발치에서 발견된 것으로 지름이 약 1~2cm

정도, 두께 약 0.5cm 인 다듬지 않는 흑색, 백색, 회색의 돌 860여 점이 발견되어 피장자가 바둑을 즐겼는가에 대한 추측을 하게 한다.

금동관에 연결되어 아래로 늘어뜨리게 한 금제 드리게는 양쪽의 길이 차이가 있으며 가슴걸이는 코발트 유리 구슬, 금구슬, 은제 구슬, 옥돌로 만든 곡옥을 사용하여 만들었으며 팔찌는 금구슬, 유리구슬을 사용한 것, 금제환, 은제환이 출토되었다. 반지 역시 금제와 은제 두 종류였다.

나뭇잎모양의 비단벌레 장식은 말다래의 장식의 일부분으로 밝혀져 흥미를 끈다. 말다래의 꽃잎을 만든 장식인데 오랜 시간동안 흙 속에 묻혀 비단벌레 날개의 색은 변했지만 분명히 그 찬란한 빛깔을 상상해 볼 수 있다.

44호분의 무덤의 주인공은 신라의 공주였다.

44호분 출토 유물의 여러 정황으로 보아 이 무덤의 5세기 말이나 6세기 초로 추정하며 피장자는 매우 높은 신분의 여성으로 어린 아이였음을 짐작한다.

우선 출토 유물의 격으로 보아 금동관이며 장신구, 금동신발, 무덤의 크기 등이 다름을 알 수 있다. 왕릉에서 나오는 금제 유물이 많은 점이다. 금동관과 금드리게, 팔찌와 반지 등이 그러하고 가슴에 걸치는 구슬장식에도 유리, 금구슬, 은구슬이 많으며 팔찌와 반지, 신발도 그러하다.

그리고 남자 피장자의 유물에서 발견되는 대도(큰칼)가 없다. 대신 은도자가 발견되었으며 남성의 유물에서 발견되지 않는 반지와 팔찌,

출토품을 근거로 그린 피장자인 신라의 공주님
[(영남일보, 김대욱 큐레이터와 함께 '考古 go! go!') 새로운 고고학적 질문을 안겨 준 경주쪽샘 44호분 (yeongnam.com) 그림 내려받음]

반지, 가슴장식 등이 여성임을 알 수 있으며 금동관 근처에서 발견된 머리카락 뭉치의 묶음 장식에서도 피장자가 여성임을 판단할 수 있다.

피장자는 내관의 길이가 150cm 정도로 작다. 그 안에 부장궤와 부장품이 들어갈 여지를 빼면 피장자는 약 130cm 정도의 키를 가진 여아임을 추측할 수 있다. 특히 팔찌나 반지, 금동신발, 금동관의 지름에서 성인의 부장품과는 대조가 된다.

발굴의 결과를 종합해 보면 신라 왕족의 무덤이거나 공주의 무덤임이 분명하다. 10세 전후의 어린 공주가 아닐까 한다. 그 죽음이 애석하여 월성의 북쪽 무덤 구역(쪽샘지구)에 최고의 예우를 다하여 장사지내고 제사를 올린 것이다.

그리고 무덤의 주인공은 시간이란 망각 속에 잊혀져 있다가 천년의 강을 넘어 오늘 우리에게 다시 나타난 것이다. 민가를 지으면서 혹은 텃밭을 일구면서 호석과 무덤 내부 적석의 일부가 사라졌지만, 44호분의 내부는 다치지 않았다. 참으로 다행한 일이다. 아름다운 부장품들이 쏟아지고 다양한 스토리텔링이 가능한, 아름답고 귀여운 신라의 공주가 오늘 우리에게 하고픈 이야기는 무엇일까? 쪽샘유적발굴관을 나오면서 어린 피장자의 죽음에 대한 긴 여운을 느낀다.

▌부록▐ 신라 역대왕릉 일람표

대	왕명	재위	장 지			현위치
			삼국사기	삼국유사	동경잡기	
1	혁거세	BC57-4	사릉. 담암사 북	사릉. 담암사 북	담엄사 옆 사릉	오릉
2	남해	4-24	사릉원		사릉	오릉
3	유리	24-57	사릉원		사릉	오릉
4	탈해	57-80	성북. 양정언덕	미소. 소정구 수장. 동악	성북 양정언덕	동천
5	파사	80-112	사릉원		사릉	오릉
6	지마	112-134				서남산
7	일성	134-154				해목령 밑
8	아달라	154-184				삼릉
9	벌휴	184-196				
10	내해	196-230				
11	조분	230-247				
12	첨해	247-261				
13	미추	262-284	대릉	흥륜사 동 죽현릉	황남리	대릉원
14	유례	284-298				
15	기림	298-310				
16	흘해	310-356				
17	내물	356-402		점성대 서남	첨성대 서남	계림서쪽
18	실성	402-417				
19	눌지	417-458				
20	자비	458-479				
21	소지	479-500				
22	지증	500-514				
23	법흥	514-540	애공사 북봉	애공사북	애공사 북봉	효현
24	진흥	540-576	애공사 북봉		서악리	서악서원뒤
25	진지	576-679	영경사북	애공사북	영경사 북	서악서원뒤
26	진평	579-622	한지		한지	보문동
27	선덕	622-647	낭산	낭산남쪽	낭산 남	낭산남

▌부록▐ 신라 역대왕릉 일람표

대	왕명	재위	장 지			현위치
			삼국사기	삼국유사	동경잡기	
28	진덕	647-654	사량부		사량군	현곡오류
29	무열	654-661	영경사북	애공사동	영경사북	서악
30	문무	661-681	동해구	감은사 동쪽바다		동해
31	신문	681-692	낭산동쪽		망덕사 동	배반
32	효소	692-702	망덕사동	망덕사동	분남리	불국역가는길
33	성덕	702-737	이거사남	동촌남양장곡	도지곡	
34	효성	737-742	법류사남화장, 동해산골	법류사남화장, 동해산골		내남부지
35	경덕	742-765	모지사서	경지사서산 양장곡이장	모지사봉	
36	혜공	765-780				
37	선덕	780-785	동해산골			괘릉리
38	원성	785-798	봉덕사남	토함산서곡사		
39	소성	799-800				
40	애장	800-809				
41	헌덕	809-826	천림사북	천림촌북	천림리	동천
42	흥덕	826-836		안강북비화양	안강현북	안강육통
43	희강	836-838	소산		소산	내남망성
44	민애	838-839				내남망성
45	신무	839	제형산서북		형제산 북	동방
46	문성	839-857	공작지		공작지	서악
47	헌안	857-861	공작지		공작지	서악
48	경문	861-875				
49	헌강	875-886	보리사동남		보리사동남	동남산
50	정강	886-887	보리사동남		보리사동남	동남산
51	진성	887-897	북궁사망산	모량서악 (미황산)	황산	
52	효공	897-912	사자사북	구지제 동 화장 산허리	사자사북	배반동
53	신덕	912-917	죽성	화장 잠현남	죽성	삼릉
54	경명	917-924	황복사북	화장 성등이산 서	만복사북	삼릉
55	경애	924-927	해목령		해목령	서남산
56	경순	927-935				경기연천

집필진

김상환 김수배 김영준 남호명
박기상 이상택 하성찬

신라왕릉 이야기

인 쇄 / 2023년 12월 12일
발 행 / 2023년 12월 19일

엮은곳 / 경주시니어클럽 경주이야기 사업단
펴낸이 / 이 승 엽
펴낸곳 / 도서출판 **정림사**
대구광역시 중구 동덕로 52-8
등록번호 • 제03-01-340
대표전화 • (053) 424-1661
팩시밀리 • (053) 424-1665

ISBN 978-89-6064-061-0 03810

〈값 14,000원〉